評価事例&テスト問題例が満載！
新3観点の学習評価
完全ガイドブック

梅津 正美 編著

明治図書

はじめに

　平成29年・30年告示の学習指導要領では，新しい時代に求められる資質・能力が，①生きて働く知識・技能の習得，②未知の状況にも対応できる思考力・判断力・表現力等の育成，③学びを人生や社会に生かそうとする学びに向かう力・人間性等の涵養，の3つに整理され，教育課程編成の目標として示されました。また，中学校学習指導要領の総則では，学習評価の実施にあたって，次の事項に配慮することが述べられています。

---

(1)　生徒のよい点や進歩の状況などを積極的に評価し，学習したことの意義や価値を実感できるようにすること。また，各教科等の目標の実現に向けた学習状況を把握する観点から，単元や題材など内容や時間のまとまりを見通しながら評価の場面や方法を工夫して，学習の過程や成果を評価し，指導の改善や学習意欲の向上を図り，資質・能力の育成に生かすようにすること。

(2)　創意工夫の中で学習評価の妥当性や信頼性が高められるよう，組織的かつ計画的な取組を推進するとともに，学年や学校段階を越えて生徒の学習の成果が円滑に接続されるように工夫すること。

　上記の配慮事項は，学習評価の「目的」と「方法」を観点に，次のように再整理することができるでしょう。学習評価の目的は，目標とする資質・能力の育成とともに，生徒の学習意欲の向上や学習の価値の実感を適切に見取ること。そして，そうした見取りを教師の授業づくりや指導の改善につなげることです。学習評価の方法は，第1に，目標に準拠した評価を行うこと。第2に，単元（内容や時間のまとまり）を踏まえて生徒の学習の過程や成果を適切に見取るとともに，見取ったことを生徒にフィードバックして学習の改善につなげていくこと。第3に，評価の妥当性や信頼性を確保することに留意しながら，「目標」・「授業（指導）」・「評価」・「改善」を一体的にとらえる中で，組織的・計画的に遂行すること。第4には，生徒の学びの深まりを，学年や学校段階を接続して見取る学習評価を工夫することです。

　中学校社会科に即して，「目標」・「授業（指導）」・「評価」・「改善」の一体化を図った学習評価の基本的な手順は，以下のように示すことができます。

❶学習指導要領における中学校社会科の各分野の大項目・中項目等の範囲，あるいは3分野間の系統を視点とした生徒に育成すべき資質・能力を吟味・検討する。

❷生徒の実態や前単元までの学習状況を踏まえ，目標とする資質・能力を確定する。

❸単元（中項目）あるいはその下位に位置付く小単元における学習内容（到達目標としての概念的知識や能力）の設定とその獲得を促す学習過程や学習活動を構想する。

❹学習問題（主発問と副次発問）の関係・順序を明確にする。

❺単元の計画と展開を踏まえた評価規準と評価場面を確定する。

❻目標（評価規準）と結んで授業（指導）と評価の計画を作成する。

❼主に学習過程の評価（形成的評価）の資料となる学習ノートの取り方を工夫したり，ワークシート等を作成したりする。

❽主に学習成果の評価（総括的評価）の資料となるペーパーテストを作成する。

❾授業を実践する。

❿妥当性や信頼性を観点に評価資料を分析・評価する方法を検討する。

⓫学習評価を実施する。

⓬学習評価の結果に基づいて単元（授業）の構成と実践について評価し改善する。

　ここまで学習指導要領改訂を契機とする学習評価の目的と方法について一般論を述べてきました。2021（令和3）年度からは，いよいよ新中学校学習指導要領の全面実施，そして新しい教科書を用いた授業が始まります。実際に授業と評価を担当することになる教師の立場に立てば，一般論を言うは易し。資質・能力ベースの授業や評価のあり方についてしっかり学ぼうとする意欲はあっても，あるいは様々な解説書を通じて一般論を学び理解したとしても，多忙な毎日の中で，資質・能力を学習の過程においてどう評価するか，資質・能力の育成につながる学習成果をペーパーテストでどう評価するかといった具体的な課題について落ち着いて検討することは，なかなか難しいというのが現状であると思われます。

　そこで，中学校社会科の3分野について，「授業（指導）と評価の一体化」のための新3観点の学習評価の具体が1冊で網羅でき，モデルになるたくさんの評価事例を提供できるような類書にはない書籍をつくりたいと考えました。

　本書の執筆は，「授業（指導）と評価の一体化」のための学習評価のあり方について明確な問題意識と理論を持ち，学習評価の好事例を数多く開発されてきた中学や大学の教師たちにお願いしています。本書が，変化が激しく予測困難な課題に直面するであろう21世紀社会を生き，その形成者たる生徒たちに「生きる力」となる資質・能力を育てる社会科授業と学習評価の実践に寄与することを願っています。

梅津　正美

Contents

はじめに

第1章 「内容のまとまりごとの評価規準」を踏まえた評価規準作成例

1 地理的分野　　学習の改善につなげる評価を大切に

1 目標のとらえと評価の観点　　010

2 観点ごとのポイントを踏まえた評価規準の作成　　012

3 単元ごとの学習評価のポイント　　013

2 歴史的分野　　目標に準拠した指導と評価を一体的に進めるための手だて

1 目標のとらえと評価の観点　　014

2 観点ごとのポイントを踏まえた評価規準の作成　　015

3 単元ごとの学習評価のポイント　　017

3 公民的分野　　単元の目標と評価規準は一体で

1 目標のとらえと評価の観点　　018

2 観点ごとのポイントを踏まえた評価規準の作成　　019

3 単元ごとの学習評価のポイント　　020

第2章 実例でよくわかる！
学習の過程における「知識・技能」と
「思考・判断・表現」をむすびつけた評価の事例

1 地理的分野

事例1　A 世界と日本の地域構成　(1) 地域構成　**024**

事例2　B 世界の様々な地域　(1) 世界各地の人々の生活と環境　**026**

事例3　B 世界の様々な地域　(2) 世界の諸地域　アジア州　**028**

事例4　C 日本の様々な地域　(1) 地域調査の手法　**030**

事例5　C 日本の様々な地域　(2) 日本の地域的特色と地域区分　**032**

事例6　C 日本の様々な地域　(3) 日本の諸地域　中国・四国地方　**034**

事例7　C 日本の様々な地域　(4) 地域の在り方　**036**

2 歴史的分野

事例1　A 歴史との対話　(1) 私たちと歴史　**038**

事例2　A 歴史との対話　(2) 身近な地域の歴史　**040**

事例3　B 近世までの日本とアジア　(1) 古代までの日本　**042**

事例4　B 近世までの日本とアジア　(2) 中世の日本　**044**

事例5　B 近世までの日本とアジア　(3) 近世の日本　**046**

事例6　C 近現代の日本と世界　(1) 近代の日本と世界　**048**

事例7　C 近現代の日本と世界　(2) 現代の日本と世界　**050**

3 公民的分野

事例1　A 私たちと現代社会　(1) 私たちが生きる現代社会と文化の特色　**052**

事例2　A 私たちと現代社会　(2) 現代社会を捉える枠組み　**054**

事例3　B 私たちと経済　(1) 市場の働きと経済　**056**

事例4　B 私たちと経済　(2) 国民の生活と政府の役割　**058**

事例5　C 私たちと政治　(1) 人間の尊重と日本国憲法の基本的原則　**060**

事例6　C 私たちと政治　(2) 民主政治と政治参加　**062**

事例7　D 私たちと国際社会の諸課題　(1) 世界平和と人類の福祉の増大　**064**

事例8　D 私たちと国際社会の諸課題　(2) よりよい社会を目指して　**066**

Contents

第**3**章 実例でよくわかる！
ペーパーテストによる「知識・技能」と
「思考・判断・表現」をむすびつけた評価の事例

1 地理的分野

事例1 A 世界と日本の地域構成 （1）地域構成 **070**

事例2 B 世界の様々な地域 （1）世界各地の人々の生活と環境 **072**

事例3 B 世界の様々な地域 （2）世界の諸地域 **074**

事例4 C 日本の様々な地域 （1）地域調査の手法 **076**

事例5 C 日本の様々な地域 （2）日本の地域的特色と地域区分 **078**

事例6 C 日本の様々な地域 （3）日本の諸地域 **080**

事例7 C 日本の様々な地域 （4）地域の在り方 **082**

2 歴史的分野

事例1 A 歴史との対話 （1）私たちと歴史 **084**

事例2 A 歴史との対話 （2）身近な地域の歴史 **086**

事例3 B 近世までの日本とアジア （1）古代までの日本 **088**

事例4 B 近世までの日本とアジア （2）中世の日本 **090**

事例5 B 近世までの日本とアジア （3）近世の日本 **092**

事例6 C 近現代の日本と世界 （1）近代の日本と世界 **094**

事例7 C 近現代の日本と世界 （2）現代の日本と世界 **096**

3 公民的分野

事例1 A 私たちと現代社会 （1）私たちが生きる現代社会と文化の特色 **098**

事例2 A 私たちと現代社会 （2）現代社会を捉える枠組み **100**

事例3 B 私たちと経済 （1）市場の働きと経済 **102**

事例4 B 私たちと経済 （2）国民の生活と政府の役割 **104**

事例5 C 私たちと政治 （1）人間の尊重と日本国憲法の基本的原則 **106**

事例6 C 私たちと政治 （2）民主政治と政治参加 **108**

事例7 D 私たちと国際社会の諸課題 （1）世界平和と人類の福祉の増大 **110**

事例8 D 私たちと国際社会の諸課題 （2）よりよい社会を目指して **112**

第4章 「主体的に学習に取り組む態度」の評価の方法と工夫

単元の学習を通した「生徒の学習に対する粘り強い取り組み」
「自らの学習の調整」の側面の評価方法と工夫

1 地理的分野　　学習過程を踏まえた評価方法の工夫

1 「主体的に学習に取り組む態度」の２つの側面　**116**

2 地理的分野の「主体的に学習に取り組む態度」　**117**

3 学習過程を踏まえた学習評価の実際　**118**

2 歴史的分野　　単元の問いを振り返る活動を設定しよう

1 新観点「主体的に学習に取り組む態度」のとらえ方　**120**

2 具体的な取り組み　**121**

3 評価の実際Ｑ＆Ａ　**122**

3 公民的分野　　民主的な社会を創造する意識や能力の形成を目指して

1 社会科における「主体的に学習に取り組む態度」の育成の意味　**124**

2 社会科における「主体的に学習に取り組む態度」の評価に必要な視点　**125**

3 公民的分野における「主体的に学習に取り組む態度」の学習評価の
方法と工夫　**126**

おわりに

第 ① 章

「内容のまとまりごとの評価規準」を
踏まえた評価規準作成例

地理的分野

学習の改善につなげる評価を大切に

1 目標のとらえと評価の観点

　平成29年改訂学習指導要領では，各教科等の目標や内容を「知識及び技能」，「思考力，判断力，表現力等」，「学びに向かう力，人間性等」の資質・能力の3つの柱で再整理しています。
　学習指導要領に示された教科及び分野の目標を踏まえて，「評価の観点及びその趣旨」が作成されています。評価規準の作成にあたっては，各学校の実態に応じて目標に準拠した評価を行うために，「評価の観点及びその趣旨」が各教科等の目標を踏まえて作成されていること，また同様に，「分野別の評価の観点の趣旨」が分野の目標を踏まえて作成されていることを確認する必要があります。
　地理的分野の目標は，以下のとおりです。

> 　社会的事象の地理的な見方・考え方を働かせ，課題を追究したり解決したりする活動を通して，広い視野に立ち，グローバル化する国際社会に主体的に生きる平和で民主的な国家及び社会の形成者に必要な公民としての資質・能力の基礎を次のとおり育成することを目指す。

　この分野目標に加えて，資質・能力の3つの柱に即した目標があり，以下のようになっています。(1)は「知識及び技能」，(2)は「思考力，判断力，表現力等」，(3)は「学びに向かう力，人間性等」です。

(1)	(2)	(3)
我が国の国土及び世界の諸地域に関して，地域の諸事象や地域的特色を理解するとともに，調査や諸資料から地理に関する様々な情報を効果的に調べまとめる	地理に関わる事象の意味や意義，特色や相互の関連を，位置や分布，場所，人間と自然環境との相互依存関係，空間的相互依存作用，地域などに着目して，多面的・多角的に考察したり，地理的な課題の解決に向けて公正に選択・判断したりする力，思考・判断し	日本や世界の地域に関わる諸事象について，よりよい社会の実現を視野にそこで見られる課題を主体的に追究，解決しようとする態度を養うとともに，多面的・多角的な考察や深い理解を通して涵養される我が国の国土に対する愛情，世界の諸地域の

第1章　「内容のまとまりごとの評価規準」を踏まえた評価規準作成例

技能を身に付けるようにする。	たことを説明したり，それらを基に議論したりする力を養う。	多様な生活文化を尊重しようとすることの大切さについての自覚などを深める。

（中学校学習指導要領 p.41。下線は筆者による。）

　3つの柱に即した目標に対応する形で，評価規準を設定すると次のようになります。評価規準は，目標で求められていることを，「～している」という学習状況として表現するようにします。目標の「知識及び技能」は，評価の観点では「知識・技能」，同じく「思考力，判断力，表現力等」は「思考・判断・表現」，「学びに向かう力，人間性等」は「主体的に学習に取り組む態度」となります。

知識・技能	思考・判断・表現	主体的に学習に取り組む態度
我が国の国土及び世界の諸地域に関して，地域の諸事象や地域的特色を理解しているとともに，調査や諸資料から地理に関する様々な情報を効果的に調べまとめている。	地理に関わる事象の意味や意義，特色や相互の関連を，位置や分布，場所，人間と自然環境との相互依存関係，空間的相互依存作用，地域などに着目して，多面的・多角的に考察したり，地理的な課題の解決に向けて公正に選択・判断したり，思考・判断したことを説明したり，それらを基に議論したりしている。	日本や世界の地域に関わる諸事象について，国家及び社会の担い手として，よりよい社会の実現を視野にそこで見られる課題を主体的に追究，解決しようとしている。

（「小学校，中学校，高等学校及び特別支援学校等における児童生徒の学習評価及び指導要録の改善等について（通知）」別紙4　p.4。下線は筆者による。）

　「主体的に学習に取り組む態度」に関しては，地理的分野が「よりよい社会の実現を視野にそこで見られる課題を主体的に追究（，解決）しようとしている」分野であるため，主体的に追究，解決しようとしているという表現を用いています。

　実際には，これらと整合するよう，「内容のまとまりごとの評価規準」を作成します。

011

2 観点ごとのポイントを踏まえた評価規準の作成

(1) 「知識・技能」

　例えば，C(2)「日本の地域的特色と地域区分」では，①自然環境，②人口，③資源・エネルギーと産業，④交通・通信の4項目を取り上げ，分布や地域などに着目して，課題を追究したり解決したりする活動を通して，以下のことを身につけることになっています。

　「知識及び技能」に関しては，(ア)〜(オ)が知識，(カ)が技能に対応します。例えば，

(ア) 日本の地形や気候の特色，海洋に囲まれた日本の国土の特色，自然災害と防災への取組などを基に，日本の自然環境に関する特色を<u>理解すること</u>。

(カ) 日本や国内地域に関する各種の主題図や資料を基に，地域区分をする<u>技能を身に付けること</u>。（下線は筆者による。）

　これらを，観点ごとのポイントである，学習状況を表す表現にすると「知識・技能」の評価規準になります。

(ア) 日本の地形や気候の特色，海洋に囲まれた日本の国土の特色，自然災害と防災への取組などを基に，日本の自然環境に関する特色を<u>理解している</u>。

(カ) 日本や国内地域に関する各種の主題図や資料を基に，地域区分をする<u>技能を身に付けている</u>。（下線は筆者による。）

(2) 「思考・判断・表現」

　同じく，C(2)「日本の地域的特色と地域区分」に示された，「思考力，判断力，表現力等」に関連した内容について確認しましょう。

(ア) ①から④までの項目について，それぞれの地域区分を，地域の共通点や差異，分布などに着目して，多面的・多角的に考察し，表現すること。

(イ) 日本の地域的特色を，①から④までの項目に基づく地域区分などに着目して，それらを関連付けて多面的・多角的に<u>考察し，表現すること</u>。（下線は筆者による。）

　これらを，観点ごとのポイントを踏まえて「思考・判断・表現」の評価規準にすると次のようになります。

(ア) ①から④までの項目について，それぞれの地域区分を，地域の共通点や差異，分布などに着目して，多面的・多角的に<u>考察し，表現している</u>。

(イ) 日本の地域的特色を，①から④までの項目に基づく地域区分などに着目して，それらを関連付けて多面的・多角的に<u>考察し，表現している</u>。（下線は筆者による。）

3 単元ごとの学習評価のポイント

(1) 「思考・判断・表現」と「社会的な見方・考え方」

　「社会的な見方・考え方」は資質・能力の育成全体に関わるものであり，課題を追究したり解決したりする活動で，社会的事象等の意味や意義，特色や相互の関連を考察したり，社会に見られる課題を把握して，その解決に向けて構想したりする際の「視点や方法（考え方）」です。このことを踏まえれば，「社会的な見方・考え方」は，特に「思考力，判断力，表現力等」の育成に重要な役割を果たすものだと考えられます。そのため，「社会的な見方・考え方」を働かせることは，「思考・判断・表現」の評価と大きな関わりがあります。

　例えば，B(1)「世界各地の人々の生活と環境」では，場所や人間と自然環境との相互依存関係という見方・考え方を働かせることになっています。「なぜ，世界各地では人々の生活に多様な特色が見られるのか。また，それはなぜ変容するのか」という学習課題（単元を貫く問い）を設定して学習が進められる際，「思考・判断・表現」について，「人々の生活の特色を，その生活が営まれる場所の自然及び社会的条件などに着目して多面的・多角的に考察するとともに，その相互依存関係について理解している」を「評定に用いる評価」の規準として設定することができます。

(2) 「内容のまとまり」を越えて評価規準を作成する

　地理的分野では，地域調査に関する単元がC(1)「地域調査の手法」とC(4)「地域の在り方」の2つ設定されています。もちろんそれぞれの単元に，「知識・技能」，「思考・判断・表現」の内容が設定されているため，それらに対応した評価規準が設定できます。この「内容のまとまりごとの評価規準」を用いつつ，「主体的に学習に取り組む態度」については，2つの「内容のまとまり」を束ねる「単元」と位置づけて，「地域調査を踏まえ，地域の在り方について，よりよい社会の実現を視野にそこで見られる課題を主体的に追究，解決しようとしている」という評価規準を設定することも可能です。これは，この単元のみならず，工夫によっては，例えばB(1)「世界各地の人々の生活と環境」とB(2)「世界の諸地域」においても可能でしょう。

　このようにすれば，地理的分野の「内容のまとまり」である中項目の数だけあった「評定に用いる評価」場面を，割愛，精選することができます。もちろん，日常の「学習改善につなげる評価」場面の割愛や精選は許されるものでないことは言うまでもありません。

（吉水　裕也）

歴史的分野

2 目標に準拠した指導と評価を一体的に進めるための手だて

1 目標のとらえと評価の観点

　平成29年告示の学習指導要領（以下，今次要領）では，各教科等の目標及び内容が，(1)「知識及び技能」，(2)「思考力，判断力，表現力等」，(3)「学びに向かう力，人間性等」の３つの柱に整理され示されました。これを踏まえ，歴史的分野の目標は，次のように示されています。

　社会的事象の歴史的な見方・考え方を働かせ，課題を追究したり解決したりする活動を通して，広い視野に立ち，グローバル化する国際社会に主体的に生きる平和で民主的な国家及び社会の形成者に必要な公民としての資質・能力の基礎を次のとおり育成することを目指す。
(1) 我が国の歴史の大きな流れを，世界の歴史を背景に，各時代の特色を踏まえて理解するとともに，諸資料から歴史に関する様々な情報を効果的に調べまとめる技能を身に付けるようにする。
(2) 歴史に関わる事象の意味や意義，伝統と文化の特色などを，時期や年代，推移，比較，相互の関連や現在とのつながりなどに着目して多面的・多角的に考察したり，歴史に見られる課題を把握し複数の立場や意見を踏まえて公正に選択・判断したりする力，思考・判断したことを説明したり，それらを基に議論したりする力を養う。
(3) 歴史に関わる諸事象について，よりよい社会の実現を視野にそこで見られる課題を主体的に追究，解決しようとする態度を養うとともに，多面的・多角的な考察や深い理解を通して涵養される我が国の歴史に対する愛情，国民としての自覚，国家及び社会並びに文化の発展や人々の生活の向上に尽くした歴史上の人物と現在に伝わる文化遺産を尊重しようとすることの大切さについての自覚などを深め，国際協調の精神を養う。

　今次要領における目標に準拠した評価は，目標(1)に対応して①「知識・技能」，目標(2)に対応して②「思考・判断・表現」，目標(3)に対応して③「主体的に学習に取り組む態度」の３つの観点から行うようになっています。目標(3)には，愛情や自覚など観点別評価や評定になじまず，個人内評価を通じて見取ることが適当な部分があることから，観点としては，教科等において「主体的に学習に取り組む態度」が設定され，知識・技能を獲得したり，思考力・判断

力・表現力等を身に付けたりするために，自らの学習を調整したり振り返るといった学習者の意思的な側面を評価することが重要であるとされています。

2 観点ごとのポイントを踏まえた評価規準の作成

表1　中項目(3)「近世の日本」の評価規準

知識・技能	思考・判断・表現	主体的に学習に取り組む態度
（小項目(イ)の知識目標に対応した評価規準のみ記載） ・江戸幕府の成立と大名統制，身分制と農村の様子，鎖国などの幕府の対外政策と対外関係などを基に，諸資料から歴史に関する様々な情報を効果的に調べまとめ，幕府と藩による支配が確立したことを理解している。	・交易の広がりとその影響，統一政権の諸政策の目的，産業の発達と文化の担い手の変化，社会の変化と幕府の政策の変化などに着目して，事象を相互に関連付けるなどして，近世の社会の変化の様子を多面的・多角的に考察し，表現している。 ・近世の日本を大観して，時代の特色を多面的・多角的に考察し，表現している。	・近世の日本について，見通しをもって学習に取り組もうとし，学習を振り返りながら課題を追究しようとしている。 ・学習を振り返るとともに，次の学習へのつながりを見出そうとしている。

　3つの評価の観点に即して，国立教育政策研究所は，「内容のまとまりごとの評価規準」を例示しています。歴史的分野では，評価のための「内容のまとまり」（＝「単元」）は，今次要領の中項目を基本とすることとされています。そして，中項目に配置されている知識目標アを構成する小項目を，評価における「小単元」として示しています[(1)]。表1は，大項目B「近世までの日本とアジア」のうちの中項目(3)「近世の日本」の評価規準例です[(2)]。これをもとに，評価規準の作成の具体的な手だてについて，3つの評価観点に即して述べましょう。

(1) 「知識・技能」の評価規準の作成

　「知識・技能」の評価規準における「～を基に，～を理解している」という構文の意味を「学習内容の構造化」という視点からよく理解する必要があります。生徒が獲得した「知識」について中心的な評価の対象になるのは，「～を理解している」の「～を」にあたる事象の意味や意義，時代の特色を示した概念的知識になります。小項目(イ)の知識目標に即して言えば，「(17世紀前半を対象に) 幕府と藩による支配の確立」が学習内容となる概念です。

　「～を基に」の「～を」にあたる事象については，個別の知識（記述的知識）の量を評価の対象にすることのないよう留意する必要があります。焦点化された事象（事例）についての様々な事実（記述的知識）が背景や原因，結果や影響等を視点に相互に関連付けられ，説明され（説明的知識の獲得），さらにそれらの知識が概括されて学習内容となる事象の意味や意義，時代の特色に関する概念的知識が獲得されているのかどうか，また獲得された概念的知識を活用して時代の別の諸事象を説明できるかどうかを評価しなければなりません。こうした理解を踏まえ，「知識」に関する評価規準は，「～を基に，～を理解している」という構文のもと，学

習内容の構造化を反映して作成することが大切です。

「技能」の評価規準は，「事実についての記述的知識→関係についての説明的知識→学習内容となる時代の特色についての概念的知識」という生徒の知識獲得の過程において，適切な場面で諸資料を効果的に活用できているかどうかを観点に作成します。

(2) 「思考・判断・表現」の評価規準の作成

「思考・判断・表現」の評価規準は，表1を参照すると，生徒が学習対象に対して「〜に着目して（すなわち，歴史的な見方・考え方を働かせて），〜考察（，構想）し，表現している」かどうかを学習過程において見取る観点として表すことが大切です。

今次要領では，「歴史的な見方・考え方」として，時期，年代，変化，継続，類似，差異，特色，背景，因果関係，影響，等が例示されており，それらは，生徒が目標となる資質・能力を培っていくために「働かせるべき視点や方法」であるとされています。「歴史的な見方・考え方」を働かせる授業とは，生徒が，「視点」を働かせて「問い」をつくり出し，その問いに基づいて歴史的事象を多面的・多角的に考察したり，事象に根ざす課題について，複数の立場や意見を踏まえて解決策を構想（選択・判断）したりすることを通して，事象の意味，意義，時代の特色等を説明した概念的知識を獲得していく授業です。

こうした理解を踏まえ，「思考・判断・表現」に関する評価規準は，「歴史的な見方・考え方（視点や方法）→学習問題（問い）→思考（考察）・判断（構想）・表現（説明・議論）→概念的知識や能力」の学習過程に即して，「（学習問題について）〜（歴史的な見方・考え方）に着目して考察（，構想）し，〜（学習の結果としての知識）を表現している」という構文を基本に作成することが適当でしょう。

(3) 「主体的に学習に取り組む態度」の評価規準の作成

この観点の評価は，生徒が自らの学習を振り返る力と調整力（自己の学習のメタ認知）を対象にしていますから，中項目や学期の学習の終わり等で実施することが適当です。

こうした理解を踏まえ，「主体的に学習に取り組む態度」に関する評価規準は，単元（中項目）や小単元（小項目）の単位で，「単元の学習の見通し→学習の振り返り→学習の調整→次の学習への展望」の各過程に即して，「〜見通しをもって学習に取り組もうとしている」，「〜学習について振り返り，調整しようとしている」，「次の学習へのつながりを見出そうとしている」という構文を基本に作成するとよいでしょう。

3 単元ごとの学習評価のポイント

(1) 単元の構造化と学習評価の適時性・適切性の考慮

目標に準拠した指導と評価を一体的に進めるために，「学習問題－思考・判断・表現の学習過程－学習内容」の結びつきと流れを明示した単元構造図を作成することが有効です。単元構造図は，「指導と評価の計画」としての機能をもたせ，「単元を貫く学習問題」と「到達目標としての学習内容（概念的知識や能力）」を柱に，単元を構成するいくつかの小単元の「問い」→「思考・判断・表現」→「知識や能力」の連関と配当時間数が分かるように作成します。

教師の評価活動は，単元構造図が示す小単元ごとの到達目標となる知識や能力を踏まえ，形成的評価（学習改善につなげる評価活動）と小括としての評価（評定に用いる記録を残す評価活動）とをスモールステップで積み重ね，単元のまとめでの学習内容の習得についての総括的評価につなげるように計画・実施するのです。単元構造図は，教師の評価活動に要する質的・量的・時間的な負担にも配慮しながら，どこで（学習評価の適時性），どのような評価活動を行うべきか（学習評価の適切性）の決定にも有効な示唆を与えるものと考えます。

(2) 「主体的に学習に取り組む態度」の評価における自己評価・相互評価の遂行

「主体的に学習に取り組む態度」の評価は，クラス等の学習集団一律に進めるのではなく，生徒個々人の特性と学習のプロセスを十分に踏まえ，比較的長期的なスパンで実施する必要があります。また，この観点の評価は，教師による評価活動だけでなく，生徒の自己評価や相互評価の活動を適宜組み込みながら，一人一人の学習に対する意欲の向上や課題の探究に向けての態度，学習の振り返り，調整等を丁寧に見取っていくようにしましょう。

(3) 学習評価のための多様なツールの選択と活用

目標・指導と一体化した学習評価を実施するためには，学習評価のための具体的なツールの構成を工夫することが大切です。学習評価は，学習の総括として学期の中間・期末等に行うペーパーテストによるだけでなく，単元の学習の過程での生徒のワークシートへの記述や発言，レポート，作業的活動とその成果を示した作品，発表等，多様なツールを用いて行う必要があります。生徒自身による自己評価や相互評価のためのシートも工夫したいものです。教師が作成するワークシートやペーパーテストは，評価すべき学習内容として知識の構造（記述的知識・説明的知識・概念的知識・価値的知識の相互の結びつき）や思考・判断した結果を表現する方法・順序を適切に組み込んだ構成にすることが望まれます。 （梅津 正美）

【注】
(1) 国立教育政策研究所教育課程研究センター『「指導と評価の一体化」のための学習評価に関する参考資料』東洋館出版社, 2020年, p.63
(2) 同上書, p.62をもとに筆者作成

公民的分野

3 単元の目標と評価規準は一体で

1 目標のとらえと評価の観点

　新しい学習指導要領では，各教科・分野等に共通して「知識及び技能」，「思考力，判断力，表現力等」，「学びに向かう力，人間性等」という，育成を目指す資質・能力の3つの柱に沿った目標が示されました。地理・歴史両分野の学習の成果を踏まえて履修される公民的分野においても，究極の目標である「公民としての資質・能力の基礎」を育成するために，資質・能力の3つの柱にそれぞれ対応した(1)から(3)までの目標が，次のように規定されています。

　現代社会の見方・考え方を働かせ，課題を追究したり解決したりする活動を通して，広い視野に立ち，グローバル化する国際社会に主体的に生きる平和で民主的な国家及び社会の形成者に必要な公民としての資質・能力の基礎を次のとおり育成することを目指す。

(1)　個人の尊厳と人権の尊重の意義，特に自由・権利と責任・義務との関係を広い視野から正しく認識し，民主主義，民主政治の意義，国民の生活の向上と経済活動との関わり，現代の社会生活及び国際関係などについて，個人と社会との関わりを中心に理解を深めるとともに，諸資料から現代の社会的事象に関する情報を効果的に調べまとめる技能を身に付けるようにする。

(2)　社会的事象の意味や意義，特色や相互の関連を現代の社会生活と関連付けて多面的・多角的に考察したり，現代社会に見られる課題について公正に判断したりする力，思考・判断したことを説明したり，それらを基に議論したりする力を養う。

(3)　現代の社会的事象について，現代社会に見られる課題の解決を視野に主体的に社会に関わろうとする態度を養うとともに，多面的・多角的な考察や深い理解を通して涵養される，国民主権を担う公民として，自国を愛し，その平和と繁栄を図ることや，各国が相互に主権を尊重し，各国民が協力し合うことの大切さについての自覚などを深める。

　学習評価においては，従前と同様に目標に準拠した評価として「観点別学習状況の評価」が行われます。目標の(1)の観点が「知識・技能」，(2)の観点が「思考・判断・表現」，(3)の観点が「主体的に学習に取り組む態度」となり，これまで以上に目標と評価規準が一体的なものであることが明確になっています。

2 観点ごとのポイントを踏まえた評価規準の作成

　公民的分野では，原則として，大項目Ａの中項目(1)から大項目Ｄの中項目(2)までの合計８つの中項目が「内容のまとまり」すなわち「単元」ととらえられます。そこで，中項目ごとに単元の評価規準を「知識・技能」，「思考・判断・表現」，「主体的に学習に取り組む態度」の３観点それぞれで作成することになります。その際，学習指導要領の各中項目の内容で原則「ア」と示された「知識・技能」に関わる事項や，「イ」と示された「思考・判断・表現」に関わる事項の記述などを参考にするとよいでしょう。

　「知識・技能」については，「知識」を見取る場面と「技能」を見取る場面は，単元内の別の時間になることが多いと考えられるため，無理に一文で示す必要はありません。「知識」については学習指導要領の「ア」に示された記述をもとに，それを生徒が「理解している」かどうかを見取ることができるように示します。「技能」については，地理・歴史両分野の学習で身に付けた「技能」をさらに習熟させる場面を想定し，それを生徒が「身に付けている」かどうかを見取ることができるように示します。

　「思考・判断・表現」については，思考・判断した過程や結果を適切に表現しているかどうかを見取る観点であるため，口頭による説明や，ワークシート・ノートへの記述・論述内容をもとに評価することになります。したがって，「イ」に示された記述をもとに，「考察，構想し，表現している」かどうかを見取ることができるように示します。その際，「見方・考え方」に着目して考察，構想しているかどうかを評価規準に組み込んでおくことが大切です。

　「主体的に学習に取り組む態度」については，①知識及び技能を獲得したり，思考力，判断力，表現力等を身に付けたりすることに向けた粘り強い取り組みを行おうとする側面と，②①の粘り強い取り組みを行う中で，自らの学習を調整しようとする側面，という２つの側面を踏まえて評価することが求められています。評価規準を作成する際，公民的分野においては，分野の「目標」に「現代社会に見られる課題の解決を視野に主体的に社会に関わろうとする態度を養う」と示されていることや，授業で取り扱う学習課題が社会的な課題そのものであることが多いという分野の特質などを踏まえ，「主体的に社会に関わろうとしている」かどうかを見取ることができるように示します。また，「目標」で「……涵養される」以下に示されている「自覚」などは生徒の内面の変容であって，「態度」という外に現れた姿を見取る評価の在り方では示しきれないことから，個人内評価（個人のよい点や可能性，進歩の状況について評価する）を通じて見取る部分となることに留意が必要です。

　評価規準の作成にあたっては，学習指導要領に定められた内容についておおむね満足できる状況にまで学習の成果が上がっている場合をＡ・Ｂ・Ｃのうちの「Ｂ」とすることに留意し，「Ｂ」の具体の姿を明示できるように作成することが求められます。

3　単元ごとの学習評価のポイント

(1)　単元の指導計画の作成と評価場面の設定

　ここまで単元の評価規準の作成について述べてきましたが，言うまでもなく単元の評価規準を作成する際には，同時に単元の目標や指導計画を作成することが必要です。このうち，単元の目標は学習指導要領や教科書における内容のまとまりから作成することが可能ですが，指導計画については，生徒や学校，地域の実態，教師の教材観や指導観の違いによって千差万別であると言えるでしょう。

　特に公民的分野においては，政治や経済，国際関係などに関する単元において，それぞれの領域の学習内容に関わる知識・概念を習得する場面，習得した知識・概念を活用して思考・判断・表現する場面，さらには思考・判断・表現する活動を通じてさらに深い理解につなげていく場面などを意識して，単元という内容のまとまりの中で，「何を学ぶか」という学習内容と「どのように学ぶか」という学習の過程や方法を組み合わせていくことが重要です。そして，その前提として，単元の学習を通じて「何ができるようになるか」という目標，換言すれば評価規準を明確にしておくことが必要です。

　具体的には，単元の指導計画を作成する際，単元の時程の何時間目に，どの観点の評価をどのような方法で見取るか，あらかじめ決めておくことが大切です。単元において「課題を追究したり解決したりする活動」をする際，①課題の設定，②追究，③解決といった場面が想定されますが，例えば，①課題を設定する際に諸資料から必要な情報を収集し読み取る様子を「知識・技能」の観点から見取り，②課題を追究する際の様子を「思考・判断・表現」の観点から見取り，③課題を解決する際に，課題の追究過程で身に付けた知識・概念を「知識・技能」の観点から見取ったり，説明や論述の様子を「思考・判断・表現」の観点から見取ったり，さらには，新たな課題を発見し追究しようとの意欲が高まったかどうか「主体的に学習に取り組む態度」の観点から見取ったりすることが考えられるでしょう。

(2)　学習場面に即した，特に重視したい評価の観点の明確化を

　公民的分野では，単元の指導計画に沿って学習活動を進めていく際，「知識・技能」の観点のみ，または「思考・判断・表現」の観点のみを用いている場面ばかりではなく，両観点の側面を同時に用いて学習を進める場面もあるでしょう。単なる用語の暗記に終始したり，事実となる知識や根拠となる理論に基づかずに議論したりしても，それだけでは分野の特質を生かした学びとは言えません。そこで，例えば，習得した「知識・技能」を活用して課題の解決に向けて「思考・判断・表現」する，すなわち両観点を同時に用いた学習活動を展開して深い学びにつなげているのです。

実際の学習評価においては，本時では「知識・技能」と「思考・判断・表現」のどちらの観点から見取ることがより適切なのか，教師が判断して評価場面を設定しておくことになります。例えば，「知識・技能」の観点については授業後に実施するペーパーテストで見取ることとし，本時の授業場面では「思考・判断・表現」のみをワークシート・ノートへの記述・論述内容等で見取る，といった仕分けも効果的でしょう。

なおその際，留意しておきたいのは，グループワークで出たグループの意見の発表・記述箇所を評価するのではなく，あくまで生徒が個人として考察，構想した事柄の発表・記述箇所を評価する，という点です。通常，グループワークは，「個」→「グループ」（→「全体」）→「個」という流れが一般的です。そのため，「思考・判断・表現」を見取りたいと考えた時程の終結部で個々の生徒に「振り返りシート」を記述させたり，「個人の考え」と「グループの考え」の両方が記述できるワークシートを準備したりする工夫が考えられるでしょう。

いずれにせよ，毎時３観点すべてを評価しようとしないことが大切です。とりわけ，「主体的に学習に取り組む態度」は単元の全体を通して評価する，といった長期的な視野で生徒の変容を見取っていくことが求められる観点であるため，評価にかかる負担が過重にならないよう，無理のない適切な頻度で評価することが求められます。

(3) 「評定」への総括と「学習改善につなげる評価」の在り方

「観点別学習状況の評価」は，単元ごとに３観点それぞれで「Ａ」・「Ｂ」・「Ｃ」の評価がなされることになります。その際，例えば「知識・技能」を単元内で３回評価する場面を設定していた場合，それがＡ・Ａ・Ａなら「Ａ」，Ａ・Ｂ・Ｂなら「Ｂ」と総括する，といったことが考えられます。同様に，３観点それぞれの評価が「Ａ」・「Ａ」・「Ａ」であった場合の評定は「５」，「Ａ」・「Ｂ」・「Ａ」であった場合の評定は「４」，「Ｂ」・「Ｂ」・「Ａ」であった場合の評定は「３」と定めておくなど，各学校で「観点別学習状況の評価」の総括の基準を定めておくことで，円滑な「評定」の作成につなげることが期待できます。

以上，「評定」の作成につなげる「記録に残す評価」について述べてきましたが，実際に授業を実施する際には，生徒が自らの学びを振り返って次の学びに向かうことができるようにする「学習改善につなげる評価」も大切です。日々の授業の中で，生徒一人一人のよい点や可能性，進歩の状況などを気に留めておき，授業中や休み時間などに声かけをして励ます，といった「学習改善につなげる評価」を繰り返し行うことで，生徒一人一人が社会科，公民的分野の学習への意欲を高め，ひいては主体的に社会に関わろうとする態度が養われ，教科，分野目標の実現に向かうことが望まれます。

（樋口　雅夫）

第 ② 章

実例でよくわかる！
学習の過程における「知識・技能」と
「思考・判断・表現」をむすびつけた
評価の事例

事例 **1** 地理的分野

1

A 世界と日本の地域構成
(1) 地域構成

「どこ？」（位置）と「どう広がっている？」（分布）に着目して地域構成の特色を理解する

1 指導と評価の計画

(1) 学習の過程・活動

　ここでは，世界と日本の地域構成について，位置や分布に着目して多面的・多角的に考察し，大まかに地図を描いてその特色を説明できるようにすることをねらいとします。学習過程としては，世界の地域構成については「日本はどこにあるのか」といった位置に関わる視点から，日本の地域構成については「日本列島はどう広がっているのか」といった分布に関わる視点から問いをつくり，それを予想，追究，考察し，まとめていく流れとします。まとめの学習活動としては，世界地図と日本地図を大まかに描き，そこに，それまで追究，考察してきた地域構成の特色を，図表，グラフなどの資料を活用しながら，文章で記述，説明するものとします。

(2) 評価規準と評価方法

① 評価規準

知・技 ・世界と日本の地域構成を大観し理解している。

　　　 ・地球儀や地図を活用し，大まかに世界地図や日本地図を描いている。

思・判・表 世界と日本の地域構成の特色を，位置や分布に着目して多面的・多角的に考察し，表現している。

態 世界と日本の地域構成について，主体的に追究しようとしている。

② 評価方法

　「知識・技能」についてはペーパーテストを中心に評価します。例えば，大陸と海洋，主な国などの名称や位置を理解しているか，緯度や経度を使って位置を示したり時差を求めたりすることができるか，世界地図や日本地図を大まかに描くことができるかなどを見取ります。「思考・判断・表現」についてはペーパーテストをもとに位置や分布の概念を理解しているかを見取るほか，レポートをもとに地域構成の特色を多面的・多角的に考察，表現しているかを評価します。

2 学習改善につなげる評価場面・活動と評価基準の事例

　今後の地理学習の基礎となる「知識・技能」を身に付けるために，地球儀や様々な世界地図を活用して位置関係をとらえる学習活動を行います。具体的には，地球儀を使って日本と世界の主な国がどのような位置関係にあるか調べたり，地球儀と世界地図の違いを考えたりする活動を行います。その中で地球儀や世界地図を適切に活用することができているかを見取るために，評価基準を「地球儀や世界地図を使って日本と世界の位置関係をとらえ，世界地図の違いや目的に応じた様々な地図があることを理解している」として評価します。地球儀や様々な世界地図を活用する「知識・技能」は，日本と世界の位置関係を相対的にとらえたり，時差の面からとらえたりする際に働く知識・技能となります。つまり，日本と世界の地域構成の特色を多面的・多角的に考察する際に働く知識・技能といえます。また，今後の地理学習全体においても繰り返し活用していく知識・技能でありながら，子どもたちにとって球面上と平面上の位置関係の違いや時差の概念についてとらえづらさがあることを踏まえ，丁寧に支援していく必要があります。

3 記録に残す評価場面・活動と評価基準の事例

　ここでは，記録に残す評価場面として，学習過程のまとめの活動で作成するレポートを取り上げます。例えば，世界の地域構成のレポートには，世界地図が大まかに描かれ，その中で日本がどこにあり，世界とどのような位置関係にあるか，その特色が説明されています。「知識・技能」の観点については，世界地図を大まかに描くことができているか，特色を説明するのに必要なことがらを示しているかを見取るために，評価基準を「赤道，本初子午線，東経135度の経線をもとに，大陸と海洋を大まかに描き，特色を説明するのに必要な大陸と海洋，州や主な国の名称を示している」として評価します。「思考・判断・表現」の観点については，世界の地域構成の特色を日本の位置に着目して多面的・多角的に考察し表現しているかを見取るために，評価基準を「日本の位置を絶対的位置，相対的位置の側面から具体的に説明している」として評価します。これらはいずれも「おおむね満足できる」状況と判断しているものですが，「十分満足できる」状況としては，「図表やグラフ等の資料を活用するなどわかりやすく」，「他の視点や側面からより広い視野に立って」を基準として評価します。なお，「主体的に学習に取り組む態度」の観点については詳述しませんが，問いの追究への見通し，意欲，振り返りを見取るために，単元全体の学習を通して使用する1枚の「振り返りシート」をもとに評価します。

（鈴木　正博）

事例

2

事 例 ┃**1** 地理的分野

B 世界の様々な地域
(1) 世界各地の人々の生活と環境

「なぜその場所？」（場所）と「どう変容？」（人間と自然）に着目して多様性を理解する

1 指導と評価の計画

(1) 学習の過程・活動

　ここでは，世界各地の人々の生活と環境について，場所や人間と自然の相互依存関係に着目して，世界各地の人々の生活が，その場所の自然や社会的条件と関連していること，それらは多様であることを理解できるようにすることをねらいとします。学習過程としては，「なぜ世界の人々の生活は場所によって違いがみられるのか」といった場所に関わる視点，「人々は自然とどのように関わり，今後どのように関わっていくのか」といった人間と自然の相互依存関係に関わる視点から問いをつくり，追究，考察します。最後に，「世界各地の人々の生活のようすを伝えよう」という課題に取り組み，各自が選択した地域の人々の生活のようすを，自然や社会的条件，変容を踏まえて，その良さや課題を伝える活動をします。人間と自然の相互依存関係の理解を深めるとともに，多様性を尊重する態度を身に付けることができるようにします。

(2) 評価規準と評価方法
① 評価規準

知・技 世界各地の人々の生活は，その場所の自然や社会環境から影響を受けたり与えたりしていること，それらは多様であることを理解している。

思・判・表 世界各地の人々の生活の特色や変容の理由を，その場所の自然や社会環境に着目して多面的・多角的に考察し，表現している。

態 世界各地の人々の生活と環境について主体的に追究し，多様性を尊重しようとしている。

② 評価方法

　知識・技能については，ペーパーテストを中心に評価します。思考・判断・表現については，ペーパーテストをもとに場所や人間と自然の相互依存関係の概念を理解しているかを見取るほか，ワークシートをもとに，その特色や理由を多面的・多角的に考察，表現しているかを評価します。

第2章　実例でよくわかる！学習の過程における「知識・技能」と「思考・判断・表現」をむすびつけた評価の事例

2　学習改善につなげる評価場面・活動と評価基準の事例

　情報を地理的な見方・考え方に沿って読み取る技能を身に付けるために，学習改善につなげる評価場面として，景観写真と雨温図を読み取る学習活動の場面を取り上げます。これらはいずれも「知識・技能」の観点で評価します。景観写真については，単元の中心となる問いをつくる場面で世界各地の市場の写真を読み取る活動，問いを追究する場面で世界各地の衣食住の写真を読み取る活動を行い，評価します。評価基準は「世界各地の市場の写真から，売られているものや人々の衣服，周りの環境などに着目してその場所の特徴を読み取っている」，「世界各地の衣食住の写真から，素材や形状などに着目してその場所の特徴を読み取っている」とします。雨温図については，問いへの見通しをもつ場面で，世界各地の雨温図とケッペン図を併せて読み取る活動を行い，評価します。評価基準は「世界各地の都市の雨温図から気温と降水量の変化を読み取り，ケッペン図と照らし合わせて気候区分の特徴を理解している」とします。

3　記録に残す評価場面・活動と評価基準の事例

　記録に残す評価場面として２つの場面を取り上げます。１つ目は，単元の中心となる問い「なぜ世界の人々の生活は場所によって違いがみられるのか」についてまとめる場面です。この問いについて追究，考察した結果としてまとめられたワークシートの記述をもとに評価します。「思考・判断・表現」の観点で評価し，評価基準を「世界各地の人々の生活の特色や変容の理由を，気候や地形などの自然条件と宗教や歴史，文化などの社会的条件から具体的に説明している」とします。２つ目は，単元の最後に設定した課題「世界各地の人々の生活のようすを伝えよう」についてまとめる場面です。世界各地の人々の生活と環境について考察してきた既習事項をもとに，自分が選択した地域の人々の生活のようすを伝える活動を行います。伝え方としては，１枚のワークシートにまとめたものをもとにグループ発表します。発表の観察とワークシートの記述を中心に「思考・判断・表現」の観点で評価します。評価基準は，「自分が選択した地域のようすを，その場所の自然や社会的条件，その変容を踏まえて，その良さや課題を具体的に説明している」とします。場合によっては，多様性の理解として「知識・技能」，多様性を尊重する態度として「主体的に学習に取り組む態度」の観点で評価することも考えられます。これら２つの場面での評価基準はいずれも「おおむね満足できる」状況と判断しているものですが，「十分満足できる」状況としては，「他の視点や側面から」や「より広い視野に立って」，「総合的にとらえて」，「より深く掘り下げて」といった基準で評価します。

(鈴木　正博)

事 例

3

１ 地理的分野

B　世界の様々な地域
(2)　世界の諸地域　アジア州

SDGs ⑥水問題からとらえるアジア州

1　指導と評価の計画

(1)　学習の過程・活動

　アジア州を大観する際，地形や気候（季節風の影響）と人口分布の特色を理解し，人口の偏りや季節風の影響に関係なく，アジア州全域で地球的課題として水問題（国連環境計画が公表している水ストレス状態の変化分布図を活用）を取り上げ，単元を通して追究していきます。アジア州は広大な地域のため，西・中央アジア，南アジア，東南アジア，東アジアの４つの地域における様々な水問題について，適切な資料を読み取り考察し，単元末に水問題を通してアジア州の特色をレポートにまとめます。

(2)　評価規準と評価方法
①　評価規準

|思・判・表| アジア州で見られる地球的課題である安全な水と衛生問題の要因や影響を，アジア州という地域の広がりに着目し，自然，歴史的背景，生活文化，産業などの特色と関連付けながら多面的・多角的に考察し，表現している。

②　評価方法

　単元を通して追究する課題「なぜアジア州では，水ストレスが高まっているのか」を設定した上で，アジア各地域で見られる様々な水問題に関わる要因を，適切に資料から読み取り，理解できているか説明させます。乾燥地帯にある西・中央アジアでは，どのように水を確保しているか，南アジアでは，人口増加と経済発展著しいインドにおける下水問題，東南アジアでは，気候変動により頻発する洪水被害，東アジアでは，人口増加，経済優先政策による中国の水不足問題など，どの地域でも経済発展と水問題への対応が求められていることを理解できているかを確認します。単元末に単元を通して追究してきた水問題からアジア州の特色をとらえるために，アジア各地域で抱える様々な水問題がなぜ地球的課題なのかについて，自分の考えをまとめさせます。その際，水問題がローカルの課題ではなく，グローバル化の進展に伴って，各地域の農業・工業などの産業，地球温暖化などの自然環境と関連付けて考察できているかを評価します。

第2章　実例でよくわかる！学習の過程における「知識・技能」と「思考・判断・表現」をむすびつけた評価の事例

2　学習改善につなげる評価場面・活動と評価基準の事例

　南アジアのインドでは，世界で有数の米や小麦など農産物の栽培や鉱産資源を生かした工業，近年欧米諸国との時差を生かしたIT産業の発展など経済成長が著しいにもかかわらず安全な水の確保に苦労している要因を考察します。考察する際，雨温図（デリー）・ガンジス川の沐浴・インドの下水事情などの資料から適切に読み取れているかワークシートのコメントから確認します。雨温図（デリー）から，インドでは1年間に必要となる水量以上の降水量はあるが，そのほとんどが夏の雨季に降ってしまっていることや生活排水が処理されずに河口へ流れていることなどが読み取れているかがポイントとなります。経済発展はどこの国でも優先事項ではありますが，地域ごとに様々な水問題に直面していることを押さえておかないと，単元末で設定する問いが追究できなくなるので，確実に見取ることが大切になります。

3　記録に残す評価場面・活動と評価基準の事例

　経済発展が進むアジア各地域における様々な水問題について学習し，理解したことを総括するために，単元末に問いを設定し自分の考えをまとめさせます。水問題は地域によって様々な要因がありますが，他地域との関わりの中で引き起こされていることなので，「アジア各地域で抱える様々な水問題がなぜ地球的課題なのか」について考察させます。

評価Bとする生徒のレポート
　地球温暖化が進む中で東南アジアでは，気候変動によって洪水が近年多く発生している。洪水による被害は，東南アジアに安い労働力などを求めて進出している外国企業も多数あり，世界経済へ影響を与えている。

ある特定の地域の事例をもとに，地球的課題として水問題をとらえた記述があります。

　また，アジア州を世界の諸地域で扱う最後の州と位置付けることで，南アメリカ州の地球環境との関連などこれまで扱った他の州との関係にも思考を深められることも期待できます。

評価Aとする生徒のレポート
　アジアには，欧米との時差を生かしてIT産業がさかんなインドや，安い労働力を求め世界から企業が進出しているタイなど，経済力を伸ばしている国がある。しかし，アジア各地域では，人口増加に伴う水不足や下水問題，気候変動などの水問題から，世界経済へ与える影響が大きくなってきている。

アジア州各地で見られる地域的特色と水問題の関係を帰納的にとらえ地球的課題としてとらえた記述があります。

順	地域	主題	地球的課題　SDGs
1	北アメリカ州	世界の食糧倉庫	⑨（産業とイノベーション）
2	ヨーロッパ州	国境を越えた結びつき	⑩（不平等）
3	アフリカ州	豊富な資源を生かせない	①（貧困）
4	南アメリカ州	森林開発と環境問題	⑮（森林）
5	オセアニア州	多文化社会の形成とアジアとの結びつき	⑩（移民）
6	アジア州	経済発展と環境問題	⑥（水問題）

（川﨑　浩一）

事例 **1** 地理的分野

4

C 日本の様々な地域
(1) 地域調査の手法

身近な地域で見られる変化から探る地域の特色

1 指導と評価の計画

(1) 学習の過程・活動

　観光立国を目指す国の政策や国際芸術祭が近隣で開催されたこともあり，学校周辺にある駅や港で外国人観光客に出会うことが多くなっていることに着目し，調査テーマを設定します。「地元に訪れる外国人観光客は増えているのか，また，魅力的な観光資源があるのか」というテーマに迫るため，必要な資料の収集や野外調査を実施します。得られた情報を分析し，レポートにまとめ発表します。

(2) 評価規準と評価方法

① 評価規準

思・判・表 地域調査において，対象となる場所の特徴などに着目して，適切な主題や調査，まとめとなるように，調査の手法やその結果を多面的・多角的に考察し，表現している。

② 評価方法

　地域の変化として観光客が増えていることを取り上げることで，地域を調査するテーマを焦点化し，テーマに迫るための方法が明確にできると考えています。テーマ設定については，単元の初めに生徒の実体験を出し合うことで進めていきます。観光客については，どうして地方都市にまで外国から観光に訪れているのか興味をもつ生徒も多く，外国人観光客数の増加に焦点を当てることにしました。評価については，テーマに迫るために必要な資料として国や地方公共団体が提供する統計，地域を取り上げている観光情報誌などと，野外調査や観光客へのインタビューなどで得られた情報（宿泊施設の数など）とを照らし合わせて分析できているかを見ていきます。また，分析したことから自分で解釈したことを地図やグラフを用いて分かりやすくまとめられているかも併せて評価します。

時	学習活動	学習内容
1	調査テーマ決め	生徒の実体験からテーマを設定する。
2〜4	調査方法の吟味・資料収集	テーマに迫るためにどのような資料が必要かを吟味する。野外調査では何を調査すればよいかを吟味する。
5	野外調査	総合的な学習の時間に組み入れたり，長期休業中の課題にしたりして実施する。
6・7	調査まとめ	調べてきたことを分析し，自分の解釈を含めてまとめる。

第2章　実例でよくわかる！学習の過程における「知識・技能」と「思考・判断・表現」をむすびつけた評価の事例

2　学習改善につなげる評価場面・活動と評価基準の事例

　テーマに迫るためにどのような資料が必要かが吟味されないと，今後の資料の収集や野外調査が適切に行えないため，どのような方法が考えられているのかを確認することが大切になります。また，限られた時間の中での調査となるので，グループでの調査を組み入れます。調査方法を吟味する際，観光客の立場からどうして訪れているのかを想像させ，何をどのように調査すればよいのか具体的な方向を示しておきます。生徒には，個別思考からグループでの話し合いへと様々な視点から調査方法を吟味させます。吟味した結果を記入させたワークシートから，観光客がどんな目的で，どこを訪れているのか，どこに宿泊するのか，どのような交通手段を利用するのかなどの視点から調査方法が示されているかを評価します。また，野外調査において調査対象を何にするか，観光客へのインタビューでは何を質問するかなどについても吟味が必要となります。そして，グループで吟味した調査方法が不十分な場合は，クラスで情報を共有する場面を設定することが求められます。

3　記録に残す評価場面・活動と評価基準の事例

　資料収集や野外調査についてはグループで進めますが，調査結果に自分の解釈を入れて個人でまとめさせたレポートを評価します。県・市の観光課が発表している資料や野外調査で質問したことをどのように分析しまとめられているか，具体例を示します。

評価Bとする生徒のレポート

　海外都市との直通便が開設されたり，3年ごとに開催される国際芸術祭があったりするので，外国人観光客数を伸ばしている。県内では3番目の観光地となっているのは驚いた。でも，多くの観光客が宿泊するのは市外が多いというデータから，観光客が宿泊できるところはそんなに多くないのではないかと思う。

　上のレポートからは，交通機関の発達，地域活性化イベント，観光客の動態などの分析がなされ，分析結果から自分たちが生活する地域の課題に気づけていることが分かります。

　評価Aになると，自分たちが生活する地域には，滞在型の観光地を目指した地域活性化が必要となるだろうといった今後の地域のあり方について解釈がなされることが考えられます。

（川﨑　浩一）

事例 **1** 地理的分野

5

C 日本の様々な地域
(2) 日本の地域的特色と地域区分

系統的に立てた問いを追究してとらえる日本の地域的特色

1 指導と評価の計画

(1) 学習の過程・活動

　単元を通して取り組む課題を設定し，その課題を追究するために自然環境，人口，資源・エネルギーと産業，交通・通信の視点ごとに課題を追加し，日本の地域的特色を理解できるよう学習を進めます。項目ごとの課題を追究する際，扱う地域的特色に応じて大小様々な地域が地域区分の部分と全体とを構成する関係にも気づけるようにします。最後に，単元最初に設定した課題についてまとめをします。

(2) 評価規準と評価方法

① 評価規準

|思・判・表| 自然環境，人口，資源・エネルギーと産業，交通・通信の４つの視点について，それぞれの地域区分を，地域の共通点や差異，分布などに着目して，多面的・多角的に考察，表現している。

② 評価方法

　日本にはどのような地域的特色が見られるのか見通しをもって学習を進めるために，第１時に設定した課題に対して予想を立てられているかワークシートの記述で確認します。

　そして，自然など４つの視点ごとにも課題を設定し，それぞれの課題について追究した結果を説明させることで，日本の地域的特色をとらえられているか確認します。

　単元末のまとめで「日本ではなぜ地域によって様々な地域的特色が見られるのか」という問いを新たに設定して，これまで４つの視点から確認してきたことを活用して説明がなされているのかを評価します。

時	学習活動	学習内容
1	課題設定	日本にはどのような特色があるのか。また，地域によってどのような違いがあるのか。
2〜6	自然環境について	なぜ日本で自然災害が多いのか。
7	人口について	なぜ人口の分布に偏りがあるのか。
8〜12	資源・エネルギーと産業について	産業によってなぜ発達している地域が違うのか。
13	交通・通信について	国内各地や日本と世界とはどのように結び付いているのか。
14	まとめ	日本ではなぜ地域によって様々な地域的特色が見られるのか。

032

第2章　実例でよくわかる！学習の過程における「知識・技能」と「思考・判断・表現」をむすびつけた評価の事例

2　学習改善につなげる評価場面・活動と評価基準の事例

　日本の地域的特色をとらえる最初の視点である「自然環境」では，「なぜ自然災害が多いのか」という問いを立てて追究していく際，用意した様々な資料を適切に読み取れることが求められます。生徒はニュースや身近な生活体験から，地震・洪水・高潮・大雪といった季節や地域によって発生する様々な自然災害を挙げています。様々な自然災害の要因について，用意した地図や雨温図などのグラフから読み取ったことをグループで協議しながら考察させ，ワークシートにまとめさせます。例えば，地震については，日本全体がとらえられる地図を用いて，日本が環太平洋造山帯に属し，複数のプレート上に位置する不安定な場所にあることをとらえられているか。また，季節や地域によって大きく変わる気候区分があることや，内陸部・臨海部，日本海側・太平洋側といった位置関係を地図から，季節風・台風の影響を受け降水量に違いがあることを雨温図などのグラフから読み取り，考察できたかも評価基準となります。

3　記録に残す評価場面・活動と評価基準の事例

　日本の地域的特色を4つの視点からとらえたことを総括するために，単元末に「日本ではなぜ地域によって様々な地域的特色が見られるのか」と新たな問いを立てて，ワークシートにまとめさせます。4つの視点を総括する作業は難しいことが予想されるので，地域ごとで異なる特色を関連付けて考えるよう助言をします。そして，まとめる前にグループで，工業のさかんな太平洋ベルトと人口が集中する大都市といった関連付けられそうな組み合わせを協議した後に，各自で日本の地域的特色をワークシートにまとめさせます。

評価Bとする生徒のレポート
　日本は海に囲まれた島国で，南北に細長い領土であるため地域によって様々な特色がある。太平洋ベルトでは，臨海部で石油化学や製鉄などがさかんである。なぜ太平洋ベルトかは，労働者を集めやすい都市があることや外国との貿易をするためにであると考える。また，降水量は比較的多いが，日本海側のように雪の心配がないからだと考える。

・日本の地域的特色が地域で異なる理由について，「太平洋ベルト」を取り上げ，産業（石油化学や製鉄）や人口（人口の集中する都市），自然環境（積雪），交通（外国との貿易）の項目を関連付けて説明できています。

・評価Aとする生徒となると，「太平洋ベルト」以外の地域についての説明がなされているかが基準となります。

(川﨑　浩一)

事例　**1** 地理的分野

6

C　日本の様々な地域

(3) 日本の諸地域　中国・四国地方

交通や通信を中核とした考察の仕方

1　指導と評価の計画

(1)　学習の過程・活動

　中国・四国地方における交通網の整備に着目し，「交通網の整備によって人々の生活にどのような影響を与えたか」について考察を進めていきます。交通網の整備による長所を全国や海外へ展開している農業を例に，短所を本州四国連絡橋開通によるストロー効果を例に考察します。そして，新規開通した高速道路沿線都市で起きた長所・短所を整理し，地域間の結び付きや地域の変容について考察します。交通網の整備から中国・四国地方の特色や課題をとらえていきます。

(2)　評価規準と評価方法

①　評価規準

　|思・判・表| 中国・四国地方において，交通や通信を中核とする事象の成立条件を，地域の広がりや地域内の結び付き，人々の対応などに着目して，他の事象やそこで生ずる課題と有機的に関連付けて多面的・多角的に考察し，表現している。

②　評価方法

　交通の整備が進むことによる長所・短所についての学習を活用して，新規開通した松江自動車道を例に，高速道路で結ばれた起点・終点にあたる都市や沿線にあたる都市における地域の変容について考察します。単元末で考察して獲得した知識を活用して，中国・四国地方の中で規模の大きな都市でも，阪神方面など大都市への人口流出が見られている現状を確認した上で，「交通網の整備によって人々の生活にどのような影響を与えたか」について考察し，中国・四国地方における交通の整備による長所・短所をワークシートにまとめたものを評価します。

時	学習活動	学習内容
1	中四国の自然	中四国地方の自然，人口分布，交通網の特色をつかみ，単元を貫く課題を設定する。
2	交通網の整備と農業	交通網の整備によって起こる中四国の農業における変化について理解する。
3	交通網の整備と人々の生活の変化	交通網の整備によって起こる中四国の人々の生活の変化について理解する。
4	交通網の整備と観光	松江自動車道開通によって起こる松江市における変化について考察する。
5	中四国のまとめ	交通網の整備から見た中四国地方の特色と課題についてまとめる。

034

第2章　実例でよくわかる！学習の過程における「知識・技能」と「思考・判断・表現」をむすびつけた評価の事例

2　学習改善につなげる評価場面・活動と評価基準の事例

　新規開通した松江自動車道によって，終点にあたる松江・出雲エリアや沿線上にある雲南・備北エリアにおける地域の変容を様々な資料を用いて個別に読み取らせます。読み取らせる際，開通後の製造業の物流や企業の出張や観光客などの人の流れに着目させ，付せんに地域で起きた変化を記入させます。その後，グループで高速道路開通によって地域にもたらされた長所と短所について記入した付せんを分類させ，地域で見られた変容をワークシートにまとめます。評価基準としては，高速道路開通区間の終点都市から結ばれた都市との間で移動時間が短縮され，人・ものの流れが増加していることと沿線地域から結ばれた都市へ人やものが流出していることを読み取ることができているかを確認します。高速道路開通による長所・短所だけに着目している場合は，高速道路上の終点・沿線といった変化が見られた地域別に付せんを分類し直すよう助言します。

3　記録に残す評価場面・活動と評価基準の事例

　生徒が単元を通して課題意識をもって学習を進めるために，単元の最初に設定した問い「交通網の整備によって人々の生活にどのような影響を与えたか」を単元末に考察し，まとめたワークシートを評価します。考察する際，本四連絡橋開通によって起きた中国地方と四国地方の変容と，松江自動車道開通による地域の変容について理解したことを参考にしながら，ワークシートに個別に考えをまとめます。まとめたことをグループで意見交換し，再度考察し直したことをワークシートに追記したものを評価します。

評価Bとする生徒のレポート	評価Aとする生徒のレポート
交通網の整備がすすむにつれ，小さな都市から人口や企業が流出していく課題が見られる。中国地方における大きな都市でも阪神方面などへの流出が見られ全体的に人口が減少している。しかし，促成栽培など季節をずらして農産物を全国へ販売できる良い点がある。	交通網の整備によって大きな都市へのストロー効果が見られ，小さな都市が衰退している。でも，小さな都市でもその地域の特色を生かした農産物や魅力ある観光スポットがあれば全国へ特産品を展開でき，観光客の呼び込みにつながるので，地域の魅力を高めることが大切になってくる。

地域の課題に対して，地域の特色を生かした地域活性化についての記述があります。

地域の課題に対して，他地域の事例を参考にし地域の特色を生かした地域活性化についての記述があります。

（川﨑　浩一）

事例　**1** 地理的分野

7

C　日本の様々な地域

(4)　地域の在り方

地域を知り，見直し，地域の未来を構想する

1　指導と評価の計画

(1)　学習の過程・活動

　人口減少に伴う公共交通の路線廃止や地域のにぎわい創出のために観光振興などが地方都市では課題となっていることを念頭に置き，まず地域の特色をグループごとに産業，歴史，観光，医療などのテーマを設定して調査します。調査したことからグループごとに実態を把握します。そして，把握した地域の課題や地域の強みについて考察し，にぎわいを創出するためのまちづくりプランをグループ内で意見交換をして構想しまとめます。

(2)　評価規準と評価方法

①　評価規準

$\boxed{思・判・表}$ 地域の在り方を，地域の結び付きや地域の変容，持続可能性などに着目し，そこで見られる地理的な課題について多面的・多角的に考察，構想し，表現している。

②　評価方法

　人口減少が進む地方都市には，公共交通の路線廃止や観光振興など多くの課題があることを，C(1)の地域調査の手法で明らかになった課題やC(3)の学校所在地を含む地域の学習で明らかになった地域の特色と照らして，身近な地域における課題を設定し，地域が今後どうあるべきかを構想させます。構想する前に地域の実態を調査し，地域の課題と強みを整理し，地域の強みを生かしてどのように課題解決を進めるべきかを考察させます。考察する際に，個人で地域活性化を構想したことについてグループ内で発表会を実施し，発表に対して意見や質問を互いに行うことで，構想した内容を見直す時間を設定します。グループでの意見交流で得られた視点を加えて，自身の地域活性化案を修正したものを評価します。

時	学習活動	学習内容
1	課題の把握	全国的な課題から地域の課題を考える。
2～4	地域の把握	人口減少に伴う公共交通の路線廃止や地域のにぎわい創出のためにまず，地域の特色についてグループごとに調査する。
5	課題解決に向けた構想	地域の課題と強みを見出し，にぎわいのあるまちづくりを構想し，グループで意見を交流する。
6～7	課題の成果のまとめ	魅力あるまちづくりのために構想した案をまとめる。

第2章　実例でよくわかる！学習の過程における「知識・技能」と「思考・判断・表現」をむすびつけた評価の事例

2　学習改善につなげる評価場面・活動と評価基準の事例

　地域の課題解決に向けた地域活性化を構想するためには，地域の課題や強みを押さえておく必要があります。そのため，事前に地域にどのような課題や特色があるのかを把握することがポイントとなります。地域を把握するために，グループごとに設定したテーマ（産業，歴史，観光，医療など）について，広報誌や市史，企業のパンフレットなどの諸資料を活用して地域の特色をまとめます。テーマごとに調べた各グループから一人ずつ別のグループに移動して，意見交換をし，地域で見られる課題や強みについて確認します。単元の初めに確認した「人口減少に伴う公共交通の路線廃止や増加傾向にある観光の振興」という課題を解決するために，具体的にどのような課題が見られるのか，また，課題解決に活用できる強みがあるのかをテーマごとにとらえられているかを評価します。港町として発展してきた歴史から，本四連絡橋開通によるフェリーの定期路線の一部廃止という課題や瀬戸内海の島々を結ぶ路線は継続しているというように，地域の課題と強みが調べられているかが基準となります。

3　記録に残す評価場面・活動と評価基準の事例

　地域の調査から把握した地域の課題を解決するために地域の特色を生かして，どのように地域を活性できるか構想したレポートを評価します。評価ポイントとしては，地域の課題がとらえられていること，他の地域の事例を参考にしながら地域の特色を生かした地域活性化を図ろうとしていることなどの記述があることが挙げられます。

評価Bとする生徒のレポート
観光客数の割に滞在率が低いこともあり，公共交通の路線廃止によって不要となったフェリーを改造して観光船にして，港町としての魅力を伝える観光スポットをつくり地域活性化に生かしたい。

地域の課題に対して，地域の特色を生かした地域活性化についての記述があります。

評価Aとする生徒のレポート
人口減少が進んでいるので地域活性化を図るために，地元の学生服企業があることを生かし，学生服の街として売り出したい。また，観光客の多くは，地域の駅から港へ通過していることもあり，京都の着物体験の例を参考にし，学生服を着て街を観光できる施設を駅近くにつくってみたい。

地域の課題に対して，他地域の事例を参考にし地域の特色を生かした地域活性化についての記述があります。

（川﨑　浩一）

事例 **2** 歴史的分野

1
A 歴史との対話
(1) 私たちと歴史

小・中をつなげる３年間の導入単元

1 指導と評価の計画

(1) 学習の過程・活動

　本単元は全３時間で構成します。中学校最初の単元である本単元は，様々な小学校での学習背景をもち，学習集団づくりも十分でない状況で，歴史的分野の見方・考え方のベースを体感させる必要があります。そこで，教科書を活用できるようになる授業を展開するのです。単元を貫く問いとして「小学校と中学校の学習のつながりを見出そう」を設定します。この問いには，中学校での学習の前提に小学校の歴史学習があり，既有知識を活用すべきことを生徒に自覚させる意図があります。第１時では単元の導入として，単元を貫く問いを生徒と共有し，その見通しを各自で設定させます。その上で，「①教科書の使い方を冒頭の解説ページで確認→②４人班で役割分担（Ａ：小学校既出の人物，Ｂ：中学校初出の人物，Ｃ：国宝，Ｄ：世界遺産）し，マーク確認→③気付いた点を報告し，意見交換」を行います。第２時では，中学校の教科書と小学校の教科書・社会科副読本を用いて「日本の大きな歴史の流れと地域の歴史との関連付け」をさせます。「①４人班で役割分担（Ａ：古代，Ｂ：中世，Ｃ：近世，Ｄ：近・現代）し，同じ人物や事象が出てくる箇所を確認→②気付いた点を報告→③気付いた点を反映させた年表作成→発表および意見交換」を行います。第３時は，第１，２時を踏まえて単元を貫く問いに対する解答や自らの見通しに関する考察をレポートにまとめさせます。

(2) 評価規準と評価方法
① 評価規準

知・技 ・年代の表し方や時代区分の意味や意義についての基本的な内容について理解している。
　　　・資料から歴史に関わる情報の読み取り，年表などにまとめる等の技能を身に付けている。

思・判・表 小学校での学習を踏まえて歴史上の人物や文化財，出来事などから適切なものを取り上げ，時代区分との関わりなどについて考察し表現している。

② 評価方法

　ワークシートの記入状況やレポートの作成内容，見通しの振り返りシートによって判断します。

第2章　実例でよくわかる！学習の過程における「知識・技能」と「思考・判断・表現」をむすびつけた評価の事例

2　学習改善につなげる評価場面・活動と評価基準の事例

　第1時の教科書の資料に丸を付けていく作業では，ジグソー学習の方法をとって展開②は各役割の担当で集まり，気付きを共有させながら展開します。例えば「小学校と中学校の教科書の違いは何だろう？」と補助発問を行うことで，教科書の問いや資料の構成・配列の仕方を確認する作業の中で，小学校既出の人物や事象は時代に偏りがあることや「○○時代は○○の資料が多い」などの時代を表す特色に気付くことができればB評価とできます。丸を付け終わって満足している生徒には，どの頁にマークがあったかを説明させるなど，B評価に達しているかを把握します。また，縄文時代と弥生時代の違いが「米づくり」にあるという小学校で典型的な特色が定着していると評価できる生徒には，古代文明と弥生時代の共通点を探させたりするなど，小学校とは異なる新たな気付きにつながる視点を与えて，考察させます。展開③では「教科書の○頁を開いてください」という言葉を使わずに報告させることで，人物や事象を表すときに年代の表し方を考えて伝えさせ，その意義の理解につなげさせます。

　第2時では，第1時の日本の歴史を中心とした大きな流れの中で自分たちの生活する地域をとらえるため，小学校で使用した副読本や教科書を活用します。これは複数の冊子で同じ年代を比較するためには，時代区分や年表などを活用して説明することが求められるためです。本時のように，その必要性が共有できてすぐのタイミングで発表用の年表づくりへと展開すると，年表の作成には発表の目的に合った情報の整理が必要になり，年代の表し方の統一感が必要なことや時代区分の意義についても考えることにつながります。年表と同様に，資料作成は人物や事象の情報を盛り込んで作成するだけでなく，何を伝えたいかを明確にできているかがB評価となります。ただ，作っている生徒には何を伝えたいかを問うようにしたいです。

3　記録に残す評価場面・活動と評価基準の事例

　評価は「前時までの調査を踏まえた年代の事例を取り上げたA4判用紙1枚以内」のレポート記述をもとに行います。知識・技能のA評価は報告や発表に用いた年表と資料を誤認識なく活用し，複数資料を効果的に用いて時代区分の意味や意義の説明をしていることです。B評価は，多少の事実誤認はみられたとしても，年表や資料を1つ以上用いて説明していることです。思考・判断・表現のA評価は，歴史上の人物や文化財，出来事などと時代区分との関わりなどについて，報告や発表などから得られたキーワードを意図的に用いて考察していること，B評価は報告や発表などから得られたことを弱いながらも関連付けて考察していることです。

　本単元は最初の単元であるため，毎時間後に単元を貫く問いの見通しに対する振り返りを行う学習活動を習慣化させ，自己調整を行う活動の定着を目指したいです。　　　　　（石本　貞衡）

事例　2 歴史的分野

2

A 歴史との対話
(2) 身近な地域の歴史

単元を通して習得した時代認識の活用をめざした
「身近な地域の歴史」の学習

1　指導と評価の計画

学習活動	評価の観点			評価規準等
	知	思	態	
【ねらい】板野郡田上郷戸籍に記載された内容を分析することを通して，律令国家における農民の支配の仕組みと農民の生活について考察させる。				
田上郷戸籍の分析を通して，律令国家における農民の支配の仕組みと農民の生活について考察する。		●		戸籍に記載された性別や年齢に着目し，戸籍を分析することを通して，律令国家の農民の支配の仕組みと農民の生活について考察している。

(1)　学習の過程・活動

　延喜2 (902) 年に作成された阿波国板野郡田上郷戸籍に記載された内容には，不可解な点が多くあります。女性の人数は男性の人数の7倍以上あり，70歳以上の者が戸籍に記載されている者の3分の1以上を占めています。戸籍に記載されたこのような内容を読み取ることで，阿波国板野郡田上郷戸籍の謎に迫る学習活動を展開します。そして律令国家における農民の支配の仕組みと農民に課された税と関連付けながら，田上郷戸籍の意味を考察する学習活動を取り入れます。

(2)　評価規準と評価方法
①　評価規準

|思・判・表| 田上郷戸籍から読み取った事象と他地域の戸籍に記載された内容とを比較したり，律令国家における農民の支配の仕組みと関連付けたりしながら，田上郷戸籍の意味を考察している。

②　評価方法

　本実践では，阿波国板野郡田上郷戸籍の内容を分析した事象をワークシートに記述し，その戸籍に記載された内容の意味を，律令国家における農民の支配の仕組みと関連付けながら考察します。考察した結果を記述できるワークシートを作成し，生徒の記述を分析することにより，目標に対する達成の程度を見取ることとします。

2　学習改善につなげる評価場面・活動と評価基準の事例

　学習改善につながる評価活動として，ワークシートの記述の分析を行います。右図は，本実践で用いたワークシートです。問いの１では，問いに対して教科書や各種資料から読み取った内容を整理します。問いの２では，生徒個人が資料から読み取った内容を関連付けて思考した結果を記述します。ワークシートの記述については，内容の関連付けの妥当性の観点から分析します。分析する際の評価基準の例として「律令国家では，農民の支配のために戸籍は必要不可欠であった。田上郷の農民は，実際の家族の構成と戸籍に記載する家族の構成について，性別や年齢を偽ることにより，税の負担を少しでも軽くしてもらおうと考えた」があります。この基準は，一戸あたりの家族構成を他地域と比較し，女性や高齢者の人数が多いことの資料からの読み取りや律令国家の農民支配の仕組み，偽籍である田上郷戸籍の意味を考察することから設けています。評価後には，教師の評価をコメントとして掲載したワークシートを生徒に返却したり，後日の授業で代表生徒の記述を学級全体に紹介し，学級全体での共有を図ったりすることで，生徒個人の学びが深まるよう支援していきます。

3　記録に残す評価場面・活動と評価基準の事例

　記録に残す評価活動として，ワークシートの生徒の記述を分析し，評価資料とするものがあります。評価活動では，ワークシートの生徒の記述を，資料の読み取りの正誤や事象と事象の関連の程度の観点から分析します。上図のワークシートでは，生徒個人が思考した結果を記述する問い２の後，グループでの活動を設定し，他の生徒と考えを共有します。このグループでの活動を通して，資料から読み取った内容を，目的－結果の関係や原因－結果の関係に着目してグループ内で吟味し，生徒個人の再思考を促すことができます。この思考の結果は，「まとめ」としてワークシートに記述し，記録に残す評価の資料として活用します。評価基準の例として，「十分満足できる状況(A)」として「律令国家においては，戸籍に基づき農民の支配を進めた。戸籍に記載された家族の性別や年齢によって負担する税の重さが異なるため，農民は性別や年齢を偽ることで，少しでも税の負担を軽くしようと試みたと考えられる」が挙げられます。また，「おおむね満足できる状況(B)」として「律令国家において，農民が税の負担からのがれたかったから」が挙げられます。評価基準の例のひとつとして，資料から読み取った内容の関連の正誤や広がりがあると考えられます。

（髙﨑　英和）

事 例 **2** 歴史的分野

3

B 近世までの日本とアジア
(1) 古代までの日本

事象相互の比較・関連を多面的・多角的に考察する「古代までの日本」の学習

1 指導と評価の計画

学習活動	評価の観点			評価規準等
	知	思	態	
【ねらい】近畿地方を中心に形成されたヤマト政権が，国際情勢への対応や鉄資源を仲立ちとして勢力の統合を図りながら国内を統一していく過程を考察させる。				
東アジアにおける国際情勢や古墳の規模などを示す国内情勢に関する資料から，ヤマト政権の成立・発展の歴史を推察する。		●		国際情勢や国内情勢に関する資料から読み取った事象を関連付けることで，ヤマト政権の成立・発展の歴史について推察している。

(1) 学習の過程・活動

　ヤマト政権の朝鮮半島への進出などの国際情勢への対応，また勢力が拡大する国内の豪族への対応といった国内外の情勢が複雑化する中で，ヤマト政権が，どのようにして成立・発展していったのかについて，諸資料から読み取った事象を比較したり，関連付けたりしながら推察し説明する学習を行います。さらに生徒個人が考えたヤマト政権の成立・発展の歴史を，グループで共有させることで，個人の考えを深化・検討する活動を取り入れます。

(2) 評価規準と評価方法
① 評価規準

　[思・判・表] 国際情勢や国内情勢に関する資料から読み取った事象を比較したり，関連付けたりしながら，ヤマト政権の成立・発展の歴史を推察している。

② 評価方法

　授業の中で展開される教師の問いによって構成されたワークシートを作成します。ワークシートには，それらの「問い」を理解した生徒が思考し，表出した「思考の結果」が記述されます。本実践では，ヤマト政権の成立・発展の歴史について時間軸と空間軸の視点から諸資（史）料を読み取り，読み取った事象を比較・関連付けして推察することから，その結果を記述できるワークシートを作成します。そして，ワークシートの生徒の記述を分析することにより，目標に対する達成の程度を見取ることとします。

第2章　実例でよくわかる！学習の過程における「知識・技能」と「思考・判断・表現」をむすびつけた評価の事例

2　学習改善につなげる評価場面・活動と評価基準の事例

　学習改善につながる評価活動として，ワークシートの記述の分析を行います。右図は，本実践で用いたワークシートですが，問いの2について，生徒個人が思考した結果を，資料から読み取った内容の正否の観点や事象の関連付けの妥当性の観点から分析します。分析する際の評価基準の事例として，「大王の名前が刻印された鉄剣や鉄刀が出土する古墳があることから，朝鮮半島の百済との関係を深めたヤマト政権が海外から鉄資源を入手し，当時，国内には乏しかった鉄資源を介在させることで地方の豪族を支配しながら勢力を拡大していった」があります。この基準は，古墳から出土した副葬品を古墳が築造された時期や東アジアの国際情勢と関連付けながら，ヤマト政権の成立・発展の過程を推察することから設けています。また評価後には，教師の評価をコメントとして掲載したワークシートを生徒に返却したり，後日の授業において，代表生徒の記述を学級全体に紹介し，学級全体での共有を図ったりすることで，生徒個人の学びの深まりに寄与できるよう支援していきます。

3　記録に残す評価場面・活動と評価基準の事例

　記録に残す評価活動として，ワークシートの生徒の記述を分析し，評価資料とします。上図のワークシートでは，生徒個人が思考した結果を記述する問い2の後，グループでの活動を設定し，他の生徒との考えを共有します。この活動を通して，新たな気づきや思考の深まり・広がりを支援し，生徒個人の再思考を促すことができます。この思考の結果は，「まとめ」としてワークシートに記述し，記録に残す評価の資料として活用します。評価基準の例として，「十分満足できる状況(A)」として「古墳時代が進むにつれて古墳の分布が全国に拡大し，その大きさも巨大化していく。さらに，副葬品には，鉄素材の甲冑や武具が出土していくことから，当時国内には乏しかった鉄資源が全国に広がっていったことが分かる。それは，朝鮮半島の百済との関係を深めたヤマト政権が，鉄資源を入手できたことから，貴重な鉄資源を介在させながら豪族を支配下におき，勢力を全国へ拡大していったと考えられる」が挙げられます。また，「おおむね満足できる状況(B)」として「古墳時代が進むにつれて，ヤマト政権は豪族の支配を進めていった」が挙げられます。評価基準の例のひとつとして，資料から読み取った内容の関連の広がりや深まりの程度があり，それを見取ることが評価の要件といえます。　　　　（髙﨑　英和）

事例 **2** 歴史的分野

4

B 近世までの日本とアジア

(2) 中世の日本

歴史的な見方・考え方の働かせ方に着目した評価事例

1 指導と評価の計画

(1) 学習の過程・活動

　本事例で紹介する単元[(1)]は，「鎌倉新仏教の特徴」を考察させることで，ア(ウ)「民衆の成長と新たな文化の形成」における「民衆の成長を背景とした社会や文化が生まれたこと」に関して理解を深めることを目指す学習となっています。主な学習過程・活動は以下の通りです。

　　第1時：「鎌倉新仏教」の「新しさ」とは？①資料に基づいて予想してみよう

　　第2時：鎌倉新仏教が普及した理由について，当時の社会の様子や人々がおそれていたことに着目して考えよう

　　第3時：「鎌倉新仏教」の「新しさ」とは？②これ以前の時代の仏教と比較したり当時の社会の様子や当時の人々の意識と関連付けたりしたことを踏まえて説明しよう

(2) 評価規準と評価方法

① 評価規準

[知・技] 異なる時代の仏教の特徴などが読み取れる資料の活用を通して，鎌倉新仏教の特徴を調べまとめ，当時の人々の不安を解消する新しい仏教が確立したことを理解している。

[思・判・表] 鎌倉新仏教が普及していった理由について，当時の社会の様子や人々の意識などに着目して考察し，表現している。

② 評価方法

　本事例の評価は，主に「知・技」を〈記録に残す評価〉として，「思・判・表」を〈学習改善につなげる評価〉として実施します。ワークシートやノートに記述させた学習課題に対する意見を評価の対象にします。その際，第1時から第3時の学習課題に対する意見を生徒が振り返りやすいように，ワークシートの構成を工夫することが必要となります。ワークシート作成の工夫例[(2)]として，毎時間の学習課題に対する意見を記入できる欄を設定することなどが考えられます。

044

第2章　実例でよくわかる！学習の過程における「知識・技能」と「思考・判断・表現」をむすびつけた評価の事例

2　学習改善につなげる評価場面・活動と評価基準の事例

　学習改善につなげる評価を行うためには，以下のような教師によるフィードバックを通して生徒に自分自身が取り組んだ学習の成果と課題を自覚させることが必要となります。

	学習課題に対する生徒の意見例	生徒の意見に対する教師のフィードバック例
第1時	念仏を唱えていたり，多くの人々に広まったりしたことが新しいところだと思う。	今後の学習では，多くの人に広まった理由について資料に基づいて考えていきましょう。
第2時	当時の人々はききんなどにより生活が苦しく，「死のケガレ」に対するおそれをもつなど不安や悩みを抱えていた。この人々の心の苦しみを解消する教えが鎌倉新仏教にあったから。	社会の様子や当時の人々の意識に着目して，考えることができていますね。
第3時	当時の人々の苦しみを解消するために，わかりやすく，簡単にできるという教えが鎌倉新仏教の新しさだと考える。	鎌倉新仏教の新しさについて，第1時で考えた意見よりも当時の社会の様子などに着目して説明できるようになっていますね。より理解を深めるために，他の時代の仏教の特徴と比較してみるようにしましょう。

　ここでは，（評価基準）「歴史的な見方・考え方を働かせて考察することができているか」に即して評価を実施しています。具体的には，「当時の社会の様子」及び「当時の人々の意識」に着目して，鎌倉新仏教の新しさ（特徴）について考察することができているかを見取り，その結果をフィードバックしていきます。このように，生徒の歴史的な見方・考え方の働かせ方に着目した「思・判・表」に関わる評価及び指導を継続的に行うことが，学習改善につなげる評価を実践する際には特に重要になります。

3　記録に残す評価場面・活動と評価基準の事例

　ここでは，上述の表中【第3時】の生徒の意見を評価の対象として，以下に示す評価基準に即して実施します。今回は，「知・技」の観点の評価を想定しています。

評価	知識・技能
A	鎌倉新仏教の特徴について，鎌倉時代以前の時代の仏教との違いや当時の社会の様子を踏まえて説明することができている。
B	鎌倉新仏教の特徴について，当時の社会の様子を踏まえて説明することができている。

（井上　昌善）

【参考文献】
⑴　本単元は，次の文献に掲載されている授業モデルに基づいて開発したものです。
　　乾正学『わかる！できる！笑いがある！協同学習で創る中学歴史授業のヒント』明治図書，2014年，pp.88-128
⑵　ワークシートの工夫例については，次の文献が参考になります。
　　国立教育政策研究所教育課程研究センター「『指導と評価の一体化』のための学習評価に関する参考資料【中学校　社会】」東洋館出版社，2020年，p.79

事例 5　2 歴史的分野

B　近世までの日本とアジア
(3)　近世の日本

生徒の振り返りに着目した評価事例

1　指導と評価の計画

(1)　学習の過程・活動

本事例で紹介する単元は,「赤穂事件の幕府の処罰の方針」を考察させることにより, ア(イ)「江戸幕府の成立と対外関係」における「幕府と藩による支配が確立したこと」に関して, 理解を深めることを目指す学習となっています。主な学習過程・活動は以下の通りです。

第1時：赤穂浪士の処罰を考えよう！①赤穂事件とは？
第2時：赤穂浪士の処罰を考えよう！②赤穂浪士の処罰に対する当時の人々の意見は？
第3時：赤穂浪士の処罰を考えよう！③なぜ, 幕府は赤穂浪士に切腹を命じたのか？

(2)　評価規準と評価方法

①　評価規準

|知・技|　赤穂浪士の処罰に対する様々な考えなどが読み取れる資料の活用を通して, 赤穂浪士を処罰した幕府の目的を調べまとめ, 幕府による全国支配の仕組みが整備されたことを理解している。

|思・判・表|　赤穂浪士の処罰について, 当時の人々の意見を踏まえ多面的・多角的に考察し, 表現している。

②　評価方法

本事例では,「知・技」を〈記録に残す評価〉として,「思・判・表」を〈学習改善につなげる評価〉及び〈記録に残す評価〉として実施します。右に示すような記入欄を設定したワークシートを作成して, 学習課題「赤穂浪士の処罰を考えよう！助命？厳罰？」に対する生徒の意見（特に【主張の根拠】(X)や【振り返り】(Y)の記述内容）を評価することになります。(Y)については, 第3時の授業後に記入させます。

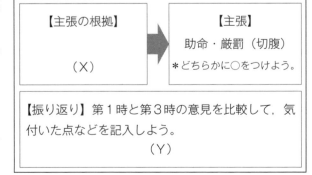

第2章　実例でよくわかる！学習の過程における「知識・技能」と「思考・判断・表現」をむすびつけた評価の事例

2　学習改善につなげる評価場面・活動と評価基準の事例

　ここでは，学習課題に対する自分自身の意見（主張の根拠）について振り返らせ，より説得力のある意見形成を促すために，以下のような評価を行います。

	学習課題に対する生徒の意見例	教師のフィードバック例
第1時	【主張】厳罰にするべき。 【主張の根拠】（X①）やられたらやりかえすことを繰り返せば，平和な社会をつくることができないから。	今後の学習では，赤穂浪士に対する当時の人々の意見を踏まえて考えていきましょう。
第2時	【主張】助命するべき。 【主張の根拠】（X②）当時の社会は，喧嘩両成敗の原則に従って争いが解決されており，赤穂浪士はその原則に従って行動したと判断できるから。	当時の社会の対立の解決策に着目して，考えることができていますね。
第3時	【主張】厳罰にするべき。 【主張の根拠】（X③）当時の人々の中には，喧嘩両成敗の原則に基づく行為だから助命するべきという考えがあるけれど，切腹を命じることは幕府が事件を解決することを意味しており，幕府の力を世の中に示すことで，安定した社会をつくることができるから。	第1時に考えた意見と比較すると，切腹を命じた幕府の目的に着目して考察した結果に基づいて，自分の意見を表現することができるようになっていますね。
【振り返り】	（Y）当時の武士の慣習や赤穂事件に対する人々の考えや幕府を中心とする文治政治の実現という幕府のねらいを踏まえて意見を表現できるようになった。	

　本事例では，（評価基準）「多面的・多角的な考察結果に基づく意見形成ができているか」に即して評価を実施します。具体的には，当時の社会の慣習や当時の立場の異なる人々の赤穂浪士に対する考えに着目して，赤穂浪士の処罰の意味について段階的に考察させ，その考察結果に基づく意見形成ができているかを見取ります。特に，【振り返り】から生徒の知的成長の実態を見取り，その結果をフィードバックすることは，生徒自身の主体的な学習改善を促すための有効な方法の一つだと言えます。

3　記録に残す評価場面・活動と評価基準の事例

　ここでは，上述の表中【第3時】（X③）・（Y）の記述を評価対象として，以下に示す評価基準に即して実施します。今回は，「知・技」及び「思・判・表」の2つの観点の評価を想定しています。

評価	知識・技能（Y）	思考・判断・表現（X③）
A	幕府による処罰の意味について，これまでの政治と綱吉が目指した政治の特徴との違いを踏まえて具体的に説明することができている。	赤穂浪士の処罰について，当時の人々や他の学習者の意見を踏まえ多面的・多角的に考察し，論拠を明確にして自分の意見を表現することができている。
B	幕府による処罰の意味について，綱吉が目指した政治の特徴を踏まえて説明することができている。	赤穂浪士の処罰について，当時の人々の意見を踏まえ多面的・多角的に考察し，自分の意見を表現することができている。

（井上　昌善）

【参考文献】
⑴　本郷和人『考える日本史』河出新書，2018年

事例 6

2 歴史的分野

C 近現代の日本と世界
(1) 近代の日本と世界

資料活用の方法に着目した評価事例

1 指導と評価の計画

(1) 学習の過程・活動

本事例で紹介する単元(1)は，明治時代の「道後温泉改修事業が成功した理由」について考察させることで，ア(エ)「近代産業の発展と近代文化の形成」における「国民生活の変化」を踏まえ「近代産業の発展」に関する理解を深めることを目指す学習となっています。主な学習過程・活動は以下の通りです。

第1時：伊佐庭如矢の道後温泉改修事業が成功した理由を考えよう！①～道後温泉の新しさに着目して～

第2時：伊佐庭如矢の道後温泉改修事業が成功した理由を考えよう！②～道後温泉改修事業反対運動に対する伊佐庭さんの取り組みに着目して～

第3時：伊佐庭如矢の道後温泉改修事業が成功した理由について，最も重要と考えることを踏まえて説明しよう

(2) 評価規準と評価方法

① 評価規準

知・技 道後温泉の改修前後の様子や社会状況などが読み取れる資料の活用を通して，当時の社会や人々の生活の変化について調べまとめ，道後温泉改修の歴史的意義を理解している。

思・判・表 道後温泉改修事業が成功した理由について，多面的・多角的に考察し，自分の考えを表現している。

② 評価方法

本事例の評価は，主に「知・技」を〈学習改善につなげる評価〉として，「思・判・表」を〈記録に残す評価〉として実施します。学習課題「道後温泉改修事業の成功の理由」について，右の図「クラゲチャート」を活用して，A～Fの記述内容を評価の対象にします。

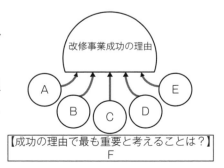

第2章　実例でよくわかる！学習の過程における「知識・技能」と「思考・判断・表現」をむすびつけた評価の事例

2　学習改善につなげる評価場面・活動と評価基準の事例

　ここでは，資料の活用方法に関して評価を行う場面を設定し，評価結果を以下のようにフィードバックすることで，生徒の学習改善につなげることを目指します。

		学習課題に対する生徒の意見例（A～Fは前頁の図クラゲチャート内のA～Fを指す。）	教師のフィードバック例
第1時	A	当時は富国強兵を目指した国づくりが進められ，議会制度の導入に基づく地域間での利益獲得競争が激しくなり，インフラ整備が強化された時代だった。	（第1時終了時）「道後温泉の新しさ」は，当時の社会状況や温泉の役割の変化に着目するとよりよく理解できますね。
	B	道後温泉をこれまでにはない豪華なものに改修し，多くの人たちが来ることができるように，道後鉄道や道後公園などをつくり，保養地や観光地としての温泉開発を行った。	
第2時	C	道後温泉改修の計画案を改修事業に取り組む前に町民に示し，反対派の人たちの理解を得ようとした。	（第2時終了時）人々の合意を得るための取り組みに着目して，資料を読み取ることができていますね。
	D	道後温泉改修に伴って，道後温泉をめぐる収入の増加によって，他の地域よりも町民の負担がかるくなった。	
	E	地主からの寄付や永代終身優待券を配布し資金調達を行った。	
第3時	F	私は，人々が訪れたいと思う道後温泉を中心とするまちづくりを進めたことが成功の理由だと考える。当時は，議会制度の導入により，地域間の競争が激しくなっていったという社会状況があり，これまでにはなかった新しい価値あるものや仕組みをつくり，地域の活性化を目指す必要があったから。	（第3時終了時）これまでの時代とのつながりや違いを踏まえて表現することができると，さらに説得力がある表現になりますよ。

　本事例では，（評価基準）「資料の活用を通して，当時の社会や人々の生活の変化について調べまとめることができているか」に即して評価を行っていきます。道後温泉改修の歴史的意義について理解を深めるためには，資料を効果的に活用して読み取ったり，調べたりすることができているかを見取る必要があります。資料を読み取るための視点や方法に着目した評価に基づいて，思考を深めることを促す指導を行うことが生徒の学習改善につながります。

3　記録に残す評価場面・活動と評価基準の事例

　ここでは，上述の表中Fの生徒の意見を評価対象として，以下に示す評価基準に即して実施します。今回は，「思・判・表」の観点の評価を想定しています。

評価	思考・判断・表現（F）
A	道後温泉改修事業が成功した理由について，当時の社会や人々の変化に着目して，考察し，以前の時代とのつながりや違いを踏まえて自分の考えを表現することができている。
B	道後温泉改修事業が成功した理由について，当時の社会や人々の変化に着目して，考察し，自分の考えを表現することができている。

（井上　昌善）

【参考文献】
(1)　本単元は，次の文献に掲載されている授業モデルを改編して開発したものです。
　井上昌善・藤原一弘「小・中学校社会科の思考力の系統的・段階的育成を目指す授業構成：郷土の偉人を取り上げた社会科授業の開発を事例として」愛媛大学教育学部紀要(66), 2019年，pp.9-22

事例 **2** 歴史的分野

7

C 近現代の日本と世界

(2) 現代の日本と世界

歴史的な見方・考え方を鍛えるための評価事例

1 指導と評価の計画

(1) 学習の過程・活動

　本事例で紹介する単元は，高度経済成長を実現することができた理由や社会への影響について考察させることで，ア(イ)「日本の経済の発展とグローバル化する世界」の「国民の生活が向上し，国際社会において我が国の役割が大きくなってきたこと」に関する理解を深めることを目指す学習となっています。主な学習過程・活動は以下の通りです。

　第1時：高度経済成長を実現できた理由について考えよう〜戦後改革の影響や産業の変化に着目して〜

　第2時：高度経済成長が日本社会に与えた影響について考えよう〜日本国内の社会状況や国際社会の日本の役割の変化に着目して〜

　第3時：高度経済成長から教訓化すべきことは何か？そのように考える理由も含めて説明しよう

(2) 評価規準と評価方法

① 評価規準

　知・技 高度経済成長期の国内外の社会の様子などが読み取れる資料の活用を通して，当時の人々の生活や国際社会における日本の役割の変化について調べまとめ，高度経済成長の歴史的意義について理解している。

　思・判・表 高度経済成長から教訓化すべきことについて，高度経済成長が実現できた理由や社会への影響を踏まえて考察し，表現している。

② 評価方法

　本事例の評価は，主に「知・技」を〈記録に残す評価〉として，「思・判・表」を〈学習改善につなげる評価〉・〈記録に残す評価〉として実施します。右図の「ステップチャート」を活用して，毎時間の学習課題に対する記述内容（X〜Z）を評価の対象にします。

【第1時】　X

↓

【第2時】　Y

↓

【第3時】　Z

第2章　実例でよくわかる！学習の過程における「知識・技能」と「思考・判断・表現」をむすびつけた評価の事例

2　学習改善につなげる評価場面・活動と評価基準の事例

　ここでは，公民的分野の学習へのつながりを踏まえ，学習の成果を実生活に生かそうとしているかを見取る場面を設定し，以下のような評価を行っていきます。

		学習課題に対する生徒の意見例（X～Zは前頁の図内のX～Zを指す。）	教師のフィードバック例
第1時	X	1つ目は，財閥解体や農地改革，労働三法の成立，日本国憲法の制定などによる戦後の民主化によって，人々の権利が保障され，人々の生活をより豊かにするための仕組みが整備されていたからである。2つ目は，重化学工業を中心とする第二次産業が発展したからである。	高度経済成長を実現できた理由について，「戦後改革の影響」や「産業の変化」以外の視点から考えることはできないか検討してみよう。
第2時	Y	【日本国内の様子】三種の神器などの家庭電化製品が普及し，人々の生活水準は急速に高まり文化の大衆化が進んだ。 【国際社会での日本の役割】1964年に東京オリンピック・パラリンピックが開催されたり，重化学工業の発展に伴って1968年には資本主義国の中でアメリカ合衆国に次ぐ第2位の国民総生産（GNP）になったりするなど国際社会での地位を高めることになった。一方で，公害などの社会問題が発生した。	日本国内の様子，国際社会での日本の役割に着目すれば，高度経済成長の影響についてとらえることができますね。
第3時	Z	【教訓化すべきこと】（②）経済の活性化に伴い社会問題が発生することを学んだので，経済活動ばかりを重視する取り組みに対して，注意することを教訓にしたい。 【理由】（①）高度経済成長は，戦後の財閥解体や農地改革などの民主化の進める改革や1960年の「所得倍増」政策を背景として，重化学工業の発展や輸出の活性化などによって実現し，人々の生活を豊かにするとともに国際社会での日本の地位を築いた。その一方で，環境や人権をめぐる公害などの社会問題が発生したから。	経済成長と社会問題の解決の両立を実現するためにはどのようなことが重要になるか，今後の学習で考えてみましょう。

　本事例では，（評価基準）「身に付けた歴史的な見方・考え方を働かせることができているか」に即して評価を実施します。具体的には，これまでの歴史的分野の学習成果を生かして資料を活用し，読み取ったことを関連付けたり，考察したりすることができているかを確認した上で，国内外や経済成長と社会問題の解決の両立という観点から思考を促すためのフィードバックを行います。これによって，歴史的な見方・考え方を鍛え，公民的分野の学習の見通しをもたせることができ，生徒の主体的な学習改善の実現につながります。

3　記録に残す評価場面・活動と評価基準の事例

　ここでは，上述の表中Z（①・②）を評価対象として，以下に示す評価基準に即して「知・技」と「思・判・表」の2つの観点の評価を想定しています。

評価	知識・技能（Z①）	思考・判断・表現（Z②）
A	高度経済成長の歴史的意義について，これまで学習した歴史事象と関連付けて説明することができている。	高度経済成長から教訓化すべきことについて，多面的・多角的に考察し，現代社会の諸課題との関連を踏まえて表現することができている。
B	高度経済成長の歴史的意義について，説明することができている。	高度経済成長から教訓化すべきことについて，多面的・多角的に考察し，表現することができている。

【参考文献】

（井上　昌善）

(1)　岩波新書編集部編『日本の近現代史をどう見るか　シリーズ日本近現代史⑩』岩波新書，2010年
(2)　中公新書編集部編『日本史の論点　邪馬台国から象徴天皇制まで』中公新書，2018年

地理的分野

歴史的分野

公民的分野

事例 **3** 公民的分野

1

A 私たちと現代社会
(1) 私たちが生きる現代社会と文化の特色

地理的分野，歴史的分野からの接続

1 指導と評価の計画

(1) 学習の過程・活動

　全8時間の単元指導を想定します。本単元においては，内容ア(ア)に基づく「小単元1」（4時間）で理解した内容を活用して内容イ(ア)についての考察，表現をします。また，内容ア(イ)に基づく「小単元2」（4時間）で理解した内容を活用して内容イ(イ)についての考察，表現を行う構成としています。本単元は地理的分野，歴史的分野の学習を経て，公民的分野のはじめに学習する中項目にあたります。小単元1ではそれまでに鍛えてきた地理的な，あるいは歴史的な見方・考え方を働かせ現代日本の特色や文化について考察をします。記録に残す評価については「知識・技能」，「思考・判断・表現」ともに小単元ごとに行います。

(2) 評価規準と評価方法
① 評価規準（小単元1の例）

知・技 現代日本の特色として少子高齢化，情報化，グローバル化などが見られることについて理解している。

思・判・表 位置や空間的な広がり，推移や変化などに着目して，少子高齢化，情報化，グローバル化などが現在と将来の政治，経済，国際関係に与える影響について多面的・多角的に考察し，表現している。

② 評価方法

　本単元では現代日本の特色や文化について理解し，その理解をもとに考察する構成となっています。小単元1の問いの例として，「現代に見られるさまざまな課題は，現在と将来にどのような影響を与えるだろうか」を設定して考察につなげさせます。現代日本の特色を理解するために単元の構造がとらえられるワークシートを準備し，その記述から評価を行います。また，考察した結果を1枚のプレゼン資料にまとめ，発表させることも考えられます。大項目Aは公民的分野のはじめに学習し，分野全体の導入となっています。作成したプレゼン資料は以降のワークシートの表紙となり，公民的分野を見通す材料とすることができます。

第2章 実例でよくわかる！学習の過程における「知識・技能」と「思考・判断・表現」をむすびつけた評価の事例

2 学習改善につなげる評価場面・活動と評価基準の事例

(1) 知識・技能

　小単元で内容の概念的理解ができるようになるには，各時間で理解の度合いを記述や発言で確認し，不十分な場合は再度指導するなど学習の改善を促していく必要があります。

(2) 思考・判断・表現

　本単元は小単元ごとにまとめとして問いに取り組むことになります。そのため小単元で知識を身に付ける場面ではその知識を活用して単元を貫く問いを考えることが必要です。本単元の場合，例えば小単元1では現代日本の特色について学習しますが，ここで身に付けた知識は小単元1の問いである「現代に見られるさまざまな課題は，現在と将来にどのような影響を与えるだろうか」を解決する要素となるため，考察に結び付けようとしているかを見取り，十分でない場合は学習の改善を促す必要があります。

3 記録に残す評価場面・活動と評価基準の事例

(1) 知識・技能

　小単元1と2ともに記録に残して総括します。小単元1では各時間の指導を経て現代日本の特色が現在や将来の社会にどのような影響があるかを論述させ，内容を見取る場面を設定します。それぞれの特色が現在はもちろん，将来さらに大きな影響を与えてしまうことについて理解していることが見取れる記述であれば，おおむね満足できる状況(B)とすることができます。十分満足できる状況(A)はさまざまな上回り方が考えられますが，例えば他の教科等で学習した内容と関連付けるなど教科横断的な記述などが該当すると考えられます。

(2) 思考・判断・表現

　同じく小単元1と2を総括して記録に残します。小単元1では「現代に見られるさまざまな課題は，現在と将来にどのような影響を与えるだろうか」の問いに取り組ませ，論述内容を評価します。「グローバル化や情報化などにより人や物，お金，情報が早く世界中をめぐることで，生活が便利になっている。一方で多くの資源が消費されている」のように見方・考え方を働かせて，現代日本の特色が社会に大きな影響を与えているという考察が見取れる内容であればおおむね満足できる状況(B)とすることができます。十分満足できる状況(A)はさまざまな上回り方が考えられますが，例えば将来の影響を見通し，どのようなことに取り組む必要があるかなど，影響への対処を含めた記述などが該当すると考えられます。

（東野　茂樹）

事例

2

③ 公民的分野

A 私たちと現代社会
(2) 現代社会を捉える枠組み

公民的分野を学習するうえで必要な
見方・考え方の習得

1 指導と評価の計画

(1) 学習の過程・活動

　全5時間の単元指導を想定します。「単元の導入」（1時間）で学習の見通しを立て，「小単元」（3時間）での理解を積み重ね，「単元のまとめ」（1時間）で考察，構想し，表現する構成とします。単元を貫く問いは内容イ(ア)に基づいて設定します。その問いを解決するために内容ア(ア)，(イ)に基づく小単元で知識を身に付ける学習を積み重ねていきます。単元を貫く問いの例としては「私たちが社会生活を過ごすうえで，物事の決定の仕方やきまりはどのような役割を果たしているだろうか」などが考えられます。問いの中に「対立と合意」，「効率と公正」など現代社会の見方・考え方が働く要素を入れておきます。小単元の学習では学習を振り返りながら単元を貫く問いの考察を重ね，深い学びにつなげます。記録に残す評価については「知識・技能」を小単元で，「思考・判断・表現」を単元末に行います。

(2) 評価規準と評価方法

① 評価規準

知・技 現代社会の見方・考え方の基礎となる枠組みとして，対立と合意，効率と公正などについて理解している。

思・判・表 社会生活における物事の決定の仕方，契約を通した個人と社会との関係，きまりの役割について多面的・多角的に考察し，表現している。

② 評価方法

　生徒が単元全体を見通したり振り返ったりすることを効果的に行うために，単元全体が見渡せるワークシートに記述を積み重ねていきます。例えば，小単元では「対立と合意」，「効率と公正」といった現代社会の見方・考え方についての記述をもとに評価を行います。これらの理解は，単元を貫く問いを解決するための一要素になるとともに，以降の公民的分野の学習でも働かせる見方・考え方となります。単元を貫く問いの考察を通して概念的理解の状況を見取り，学習改善の評価につなげていきます。

第2章　実例でよくわかる！学習の過程における「知識・技能」と「思考・判断・表現」をむすびつけた評価の事例

2　学習改善につなげる評価場面・活動と評価基準の事例

(1)　知識・技能

　小単元で内容の概念的理解ができるようになるには，各時間で理解の度合いを記述や発言で確認し，不十分な場合は再度指導するなど学習の改善を促していく必要があります。

(2)　思考・判断・表現

　単元のまとめとして単元を貫く問いに取り組みます。そのため，小単元で現代社会の見方・考え方を身に付ける場面では，その理解をもとに単元を貫く問いに取り組むことを見通しておくことが必要です。本単元の場合，身に付けた現代社会の見方・考え方は，単元を貫く問いである「私たちが社会生活を過ごすうえで，物事の決定の仕方やきまりはどのような役割を果たしているだろうか」を解決する要素となるため，その考察に結び付けようとしているかを見取り，十分でない場合は学習改善を促す必要があります。

3　記録に残す評価場面・活動と評価基準の事例

(1)　知識・技能

　小単元での各時間の指導を経て現代社会の見方・考え方について理解しているかを論述させ，内容を見取る場面を設定します。社会生活で起こりうる「対立」は「効率と公正」の考え方で調整し，「合意」していくことを理解している記述であれば，おおむね満足できる状況(B)とすることができます。十分満足できる状況(A)はさまざまな上回り方が考えられますが，例えば具体的に自らの経験を結び付けた記述などが該当すると考えられます。

(2)　思考・判断・表現

　本単元の場合，単元末に「私たちが社会生活を過ごすうえで，物事の決定の仕方やきまりはどのような役割を果たしているだろうか」の問いに取り組ませ，論述内容を評価します。「社会ではさまざまな対立が起こるが，対立を解消して合意することが大切である。効率と公正の考え方でみんなが納得するきまりをつくることが社会生活を円滑にすごす役割を果たしている」というように現代社会の見方・考え方を働かせ，社会生活における物事の決定の仕方，契約を通した個人と社会との関係，きまりの役割について多面的・多角的な考察が見取れる内容であればおおむね満足できる状況(B)とすることができます。十分満足できる状況(A)はさまざまな上回り方が考えられますが，A(1)の学習を振り返り，現代のさまざまな課題の解決にも必要な概念であることに触れている記述などが該当すると考えられます。　　　　　(東野　茂樹)

事例 **3** 公民的分野

3

B 私たちと経済
(1) 市場の働きと経済

協同的な活動を導入とする経済の学習

1 指導と評価の計画

(1) 学習の過程・活動

　本事例では，経済単元の導入として，日本経済の発展の基軸ともいえるモノづくりの体験を通して生徒の興味・関心を引き出す経済の学習を構想しました。まず，「モノの価格が安くなったり高くなったりするのは，どうしてか？」という問いかけから，市場経済での価格の決まり方や，企業の生産活動に興味をもたせます。次に，グループになって，紙コップ製造会社を設立し，実際に紙コップを作る工程を体験します。その際，作業時間は25分間とし，会社の組織編制，材料の購入，設備や工具の費用にどのくらいの費用をかけるか話し合いを行って，実際に紙コップを制作します。完成したコップの数に応じて会社の収入が増え，制作にかかった費用として材料費，労務費，宣伝費，法人税などの経費を会計報告としてワークシートに記入します。最後に，企業にはどのような種類があるのか，将来どんな会社で働きたいと思うか，現代社会における企業の役割や自分自身の働き方を考えるきっかけをつかむことを目的とします。

(2) 評価規準と評価方法
① 評価規準
知・技 市場における価格の決まり方や資源の配分について理解している。

態 市場の働きと経済について，現代社会に見られる課題の解決を視野に主体的に社会に関わろうとしている。

② 評価方法

　本実践のねらいは，市場経済はどのような仕組みが整えられているか理解させるとともに，起業を行うことの必要性や，それを支える金融などの働きを理解させ，個人や企業の経済活動における役割と責任について考察させることです。評価方法として，活動のまとめで生徒各個人に記入させたワークシートをもとに，会社としての問題点や課題，モノづくりにとって大切なことはどのようなことなのか，その内容を評価の材料とします。その際，効率と公正，希少性，分業と交換などに着目して，企業の生産活動や社会的な役割について多面的・多角的に考察し，表現していることがポイントとなります。

第2章　実例でよくわかる！学習の過程における「知識・技能」と「思考・判断・表現」をむすびつけた評価の事例

2　学習改善につなげる評価場面・活動と評価基準の事例

　生徒たちには，経済活動にまつわる関心のある事柄をキーワードにして記入してもらいます。

> 経済活動に関する諸問題について，私たちはどのように関わっていくべきでしょうか。
> 　学習を進める上で，あなた自身が重要となる言葉を自分で決めて，キーワードに書き出していこう。
> 【キーワード】
> 〔　　　　　　　　〕〔　　　　　　　　〕〔　　　　　　　　〕〔　　　　　　　　〕

　この時点ではその細かな内容や正しい理解などは求めないこととします。例えば円高，不況，IT産業などの身近な話題が述べられることが予想されます。このキーワードが最終的には単元全体をまとめる問いの中でさらに詳しく述べられたり，新たなキーワードが付加されたり，まったく新しい視点から意見が述べられたりします。特に新しくでてきたキーワードに下線を引かせることによって，単元全体の学習を通して何を，どのくらい学んだのか，わかりやすく学習者自身が自分の学びを客観化して見取ることが可能となります。学習者の学びを可視化させることができれば，その学びを評価する教師の側にとっても評価する材料として判断がしやすく，学習者と評価者（教師）との間の評価をめぐる齟齬の開きを軽減させていくことが可能となります。

3　記録に残す評価場面・活動と評価基準の事例

　生徒の記述内容を評価する際には，規準をあらかじめ生徒に提示した上で，どのような観点で評価をするのかということを教師と生徒があらかじめ共有しておくことが大切です。本時では市場経済の仕組みや価格の決まり方について理解し，その知識を身に付けていることと，生産活動を模擬体験する活動に単元の目標に照らして見通しをもって取り組もうとしていること，という2点に着目したいです。「(B)おおむね満足できる」記述の例としては，「私たちの生活は，商品を自由に売ったり買ったりすることができる。だから商品やサービスの価格は，それを求める人の数が多ければ上がったり，少なければ下がったりする。しかし限られた資源を無駄にしたり，廃棄物で環境を汚したりすることもある。私たちの暮らしを見直さなければいけないと思った」というように，価格の決まり方の理解と希少性に着目していることがポイントとなります。「(A)十分満足できる」状況は，Bの状況に加えて，複数の知識を関連付けたりしていることとしました。一方，「(B)おおむね満足できる」状況に達しない場合の手だてとしては，「市場経済の仕組み，価格の決まり方など基本的な考え方について理解を深めるため，既習の学習内容を振り返るようにする」ことが考えられます。

(上園　悦史)

事例 **3** 公民的分野

4

B 私たちと経済
(2) 国民の生活と政府の役割

経済の視点から水俣の問題をとらえる学習

1 指導と評価の計画

(1) 学習の過程・活動

　本事例はまず，「労働者の権利を守るために，どのような取り組みがなされているのだろうか」という問いをたて，ストライキを決行する労働者の姿やプロ野球の選手などの姿を手掛かりに，働き方改革，外国人労働者の増加などの課題に気づかせながら，労働者の権利や労働基本権を理解します。そして，「過労死」や「働き方改革法の成立」などの事例から，日本の労働者の過酷な現状をとらえさせ，自分ならどうすべきか，その改善策について班ごとに話し合いをして，発表します。その事例として，「水俣病と労働者」というテーマで，高度経済成長の犠牲には水俣があり，その延長線上に私たちの今の豊かさはあるという意識をもたせるとともに，人命が脅かされる事態において最優先に考えるべきは何なのか，水俣病の原因企業となった会社の問題を労働者の権利の保障や企業の社会的責任という視点から考察します。

(2) 評価規準と評価方法

① 評価規準

知・技 社会資本の整備，公害の防止など環境の保全について，それらの意義を理解している。

思・判・表 対立と合意，効率と公正，分業と交換，希少性などに着目して，国や地方公共団体が果たす役割について，多面的・多角的に考察，構想し，表現している。

② 評価方法

　本実践のねらいは，生産の仕組みや労働の意義と権利についての理解をもとに，職業の意義と役割及び雇用と労働条件の改善について多面的・多角的に考察させることです。グループの話し合い活動では，ホワイトボードなどに議論の経過を可視化させ，自分とは異なる意見や価値観をもつ人の存在を知り，さらに与えられた問題に対して，どうあることがよいことなのか，という探究ができるように工夫をします。各個人でまとめるワークシートには，ホワイトボードに書かれた内容を踏まえ，個人や企業の経済活動における役割と責任，社会生活における職業の意義と役割及び雇用と労働条件の改善についてどう考えればよいのか，判断の基盤となる自分自身の価値観を考えさせ，表現させることがポイントとなります。

058

2 学習改善につなげる評価場面・活動と評価基準の事例

　討論を活発にさせるために，教材の選択では問題の所在を明確にして，対立する立場の主張が明確なものを選ぶように工夫をします。水俣の事例では，会社と対立する水俣病患者と労働組合の姿を通して，会社の不正を告発したり労働環境を改善したりするためには，互いに尊重し，協力し合うことが重要であったことや，人命よりも生産を優先する考え方や，不都合な事実を隠ぺいしようとする会社のあり方に対して自分なりの考えをもつことができるようにします。そうすることで会社・住民・労働組合（者）など様々な立場から考察し，理解することができます。ホワイトボードによって様々な意見が可視化されることで，複数の視点や立場の対立が明らかとなり，問題の所在やどうなることがよいことなのか，自分自身の考えをつくる土台となります。

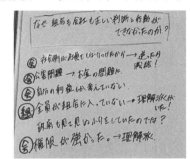

3 記録に残す評価場面・活動と評価基準の事例

　本時では，水俣病の概要と，会社・労働者のそれぞれの立場の思いや願いを年表や資料から読み取り，ワークシートに記入することができたか，水俣病について全体の利益と個人の利益という対立点を見出し，どのように考えることがよいことなのか，自分なりの意見をもち，口答で説明することができたか，の２点をポイントとしました。まず「(B)おおむね満足できる」記述の例としては，「会社として利益・財産を守るという行為は妥当のように思えるが，被害者や労働組合の思いや行為を踏みにじったのは問題があったと思う。水俣病の原因が発覚しても自分たちではないと責任のがれをする対応をとっていたのは，いつの時代でもダメだと思う」というように，会社として組織を守ることにも一定の正義があるが，原因企業として公害被害者への救済のアプローチに関する無責任体質への批判が書かれているものです。「(A)十分満足できる」状況は，Bの状況に加えて，高度経済成長期の歴史学習から公民の学習へと連携させていく視点や企業の社会的責任という点に着目し，会社のあり方を問うなどしていることとしました。一方，「(B)おおむね満足できる」状況に達しない場合の手だてとしては，政府としての水俣病への取り組みの不十分さと，公害防止と環境の保全について既習の学習内容を振り返るようにすることが考えられます。

（上園　悦史）

事例

3 公民的分野

5

C 私たちと政治
(1) 人間の尊重と日本国憲法の基本的原則

知識を習得し「個人の尊重と法の支配」などの見方・考え方を働かせて考察する

1 指導と評価の計画

(1) 学習の過程・活動

　全17時間の単元指導を想定します。「単元の導入」（１時間）で学習の見通しを立て，「小単元１」〜「小単元４」（各２〜５時間）での理解を積み重ね，「単元のまとめ」（１時間）で考察，構想し，表現する構成とします。単元を貫く問いは内容イ㋐に基づいて設定し，その問いを解決するために内容ア㋐〜㋓に基づく小単元１〜４で知識を身に付ける学習を積み重ねていきます。単元を貫く問いの例としては「日本の政治が日本国憲法に基づいて行われているのはどのような意義があるのだろうか」などが考えられます。問いの中に「個人の尊重と法の支配」など現代社会の見方・考え方が働く要素を入れておきます。記録に残す評価については「知識・技能」を小単元１〜３を含めて小単元４で，「思考・判断・表現」を単元末に行います。

(2) 評価規準と評価方法
① 評価規準

知・技 （小単元３の例）日本国憲法が基本的人権の尊重，国民主権及び平和主義を基本的原
　則としていることについて理解している。

思・判・表 対立と合意，効率と公正，個人の尊重と法の支配，民主主義などに着目して，我
　が国の政治が日本国憲法に基づいて行われていることの意義について多面的・多角的に考察
　し，表現している。

② 評価方法

　生徒が単元全体を見通したり振り返ったりすることを効果的に行うために，単元全体が見渡せるワークシートに記述を積み重ねていきます。小単元ごとのワークシートをポートフォリオにまとめていくことも考えられます。小単元３を例に挙げると，日本国憲法の三原則についての知識を身に付け，その概念をまとめる記述をもとに知識・技能の評価を行います。小単元での理解は，単元を貫く問いを解決するための一要素となります。単元のまとめとして単元を貫く問いに取り組ませ，思考・判断・表現の評価を行います。

第2章　実例でよくわかる！学習の過程における「知識・技能」と「思考・判断・表現」をむすびつけた評価の事例

2　学習改善につなげる評価場面・活動と評価基準の事例

(1)　知識・技能

　各時間で内容に関する記述や発言から習得状況を確認し，十分でない場合は再度指導する必要があります。さらに，小単元ごとに単元を貫く問いを振り返って考察を試みさせることは，身に付けた知識・技能の活用の様子から学習改善の評価につなげることができます。

(2)　思考・判断・表現

　小単元で習得した知識・技能を活用して単元を貫く問いを考えることが必要です。本単元の場合，例えば小単元3では日本国憲法の三原則について学習しますが，ここで身に付けた知識は単元を貫く問いである「日本の政治が日本国憲法に基づいて行われているのはどのような意義があるのだろうか」を解決する要素となるため，その考察に結び付けようとしているかを見取り，十分でない場合は学習の改善を促す必要があります。

3　記録に残す評価場面・活動と評価基準の事例

(1)　知識・技能

　小単元3の場合，毎時間の指導を経て日本国憲法の三原則を理解しているかを論述させ，内容を見取る場面を設定します。日本国憲法の三原則について理解していることが見取れる記述であれば，おおむね満足できる状況(B)とすることができます。十分満足できる状況(A)はさまざまな上回り方が考えられますが，例えば歴史的分野での学習を振り返り，大日本帝国憲法のもとで戦争が起こってしまった問題点と比較，関連付けている記述などが該当すると考えられます。この小単元を含め小単元4で総括し記録を残します。

(2)　思考・判断・表現

　本単元の場合，単元末に「日本の政治が日本国憲法に基づいて行われているのはどのような意義があるのだろうか」の問いに取り組ませ，論述内容を評価します。「日本の政治は法の支配によって行われている。日本国憲法に三原則があることは，国民によって国が人権を守り戦争を起こさないことを定めている意義がある」のように見方・考え方を働かせて，日本の政治が日本国憲法に基づいて行われていることの意義についての考察が見取れる内容であればおおむね満足できる状況(B)とすることができます。十分満足できる状況(A)はさまざまな上回り方が考えられますが，国民主権に着目して政治参加の意義をとらえ，C(2)の学習への見通しが見られる記述などが該当すると考えられます。

(東野　茂樹)

事例 **3** 公民的分野

6

C 私たちと政治

(2) 民主政治と政治参加

知識を習得し「民主主義」などの見方・考え方を働かせて考察する

1 指導と評価の計画

(1) 学習の過程・活動

　全22時間の単元指導を計画します。「単元の導入」（1時間）で学習の見通しを立て，「小単元1」～「小単元4」（各4～6時間）での理解を積み重ね，「単元のまとめ」（1時間）で考察，構想し，表現する構成とします。単元を貫く問いは内容イ(ア)に基づいて設定し，その問いを解決するために内容ア(ア)～(エ)に基づく小単元1～4で知識を身に付ける学習を積み重ねていきます。単元を貫く問いの例としては「みんなが納得する政治が行われるために，私たちはどのように政治に関わるべきだろうか」などが考えられます。問いの中に「対立と合意」，「民主主義」などの見方・考え方が働く要素を入れておきます。記録に残す評価については「知識・技能」を小単元1～3を含めて小単元4で，「思考・判断・表現」を単元末に行います。

(2) 評価規準と評価方法

① 評価規準

知・技 （小単元1の例）国会を中心とする我が国の民主政治の仕組みのあらましや政党の役割を理解している。

思・判・表 対立と合意，効率と公正，個人の尊重と法の支配，民主主義などに着目して，民主政治の推進と，公正な世論の形成や選挙など国民の政治参加との関連について多面的・多角的に考察，構想し，表現している。

② 評価方法

　生徒が単元全体を見通したり振り返ったりすることを効果的に行うために，単元全体が見渡せるワークシートに記述を積み重ねていきます。小単元ごとのワークシートをポートフォリオにまとめていくことも考えられます。例えば，小単元1では国会を中心とする民主政治の仕組みや政党の役割についての知識を身に付け，その概念をまとめる記述をもとに評価を行います。小単元での理解をもとに，単元を貫く問いの考察を試みさせることは，単元末で考察することに向けて学習改善の評価をすることにつながっていきます。

第2章　実例でよくわかる！学習の過程における「知識・技能」と「思考・判断・表現」をむすびつけた評価の事例

2　学習改善につなげる評価場面・活動と評価基準の事例

(1)　知識・技能

　小単元で内容の理解ができるようになるには，各時間で理解の度合いを記述や発言で確認し，十分でない場合は再度指導するなど学習の改善を促していく必要があります。単元を貫く問いを考察するのに必要な理解ができているかどうかが評価基準になると考えられます。

(2)　思考・判断・表現

　単元のまとめの時間で単元を貫く問いに取り組むことになります。そのため，小単元で知識を身に付ける場面ではその知識を活用して単元を貫く問いを考えることが必要です。本単元の場合，例えば小単元1では国会の仕組みや政党の役割について学習しますが，ここで理解した内容は単元を貫く問いである「みんなが納得する政治が行われるために，私たちはどのように政治に関わるべきだろうか」を解決する要素となります。理解した内容を考察に結び付けようとしているかを見取り，十分でない場合は改善を促す必要があります。

3　記録に残す評価場面・活動と評価基準の事例

(1)　知識・技能

　小単元1の場合，毎時間の指導を経て国会を中心とする日本の民主政治の仕組みのあらましや政党の役割を理解しているかを論述させ，内容を見取る場面を設定します。国会と内閣の関係や政党の役割について理解していることが見取れる記述であれば，おおむね満足できる状況(B)とすることができます。十分満足できる状況(A)はさまざまな上回り方が考えられますが，例えばニュースで見たものを学習した内容と結び付けるなど，社会との関わりを意識した記述などが該当すると考えられます。小単元4で総括し記録を残します。

(2)　思考・判断・表現

　本単元の場合，単元のまとめに「みんなが納得する政治が行われるために，私たちはどのように政治に関わるべきだろうか」の問いに取り組ませ，論述内容を評価します。「私たちによる選挙で選ばれた，代表が集まる国会で法律が定められる。選挙を通して政治に参加したい」のように見方・考え方を働かせて，民主政治の実現には国民の政治参加が欠かせないという考察が見取れる内容であればおおむね満足できる状況(B)とすることができます。十分満足できる状況(A)はさまざまな上回り方が想定できますが，政治参加が社会参画の手段であることを見通せている記述などが該当すると考えられます。

（東野　茂樹）

事 例 **3** 公民的分野

7

D 私たちと国際社会の諸課題
(1) 世界平和と人類の福祉の増大

難民問題・私たちにできることを考える

1 指導と評価の計画

(1) 学習の過程・活動

　本事例では，生徒の関心が比較的高い EU について，ギリシャの財政危機，イギリスの EU 離脱問題，移民・難民問題に対処しようとする EU 諸国のジレンマの状況をグループで話し合い，討論します。ヒトやモノの移動を流動化させることで経済的な利益を優先させてきた EU ですが，難民問題に直面して危機を迎えています。難民などの人道的な問題への対処については，生徒の感性に訴えやすくまた，他人事ではいられない問題であり，その対応のあり方を多面的に考えさせやすいです。まずは，EU の拡大による利点と問題点について，財政危機を招いたギリシャへの支援をめぐる各国の思惑を考察し，次に，移民を多く受け入れてきたドイツですが，シリアからの難民が国内の移民排斥運動の高まりなどの問題に拍車をかける結果となっていることをとらえます。最後に，日本との比較をしながら，難民問題への対処のあり方を話し合い，自分なりの考えをまとめさせるという展開です。

(2) 評価規準と評価方法

① 評価規準

知・技 国際協調の観点から国家間の相互の主権の尊重と協力，各国民の相互理解と協力及び国際連合をはじめとする国際機構などの役割が大切であることを理解している。

思・判・表 対立と合意，効率と公正，協調，持続可能性などに着目して，我が国の安全と防衛，国際貢献を含む国際社会における我が国の役割について多面的・多角的に考察，構想し，表現している。

② 評価方法

　授業では，地中海を決死の覚悟で渡ってくる難民の親子を写した写真を見て，難民問題が急迫の事態で命に関わる問題であることに気づかせ，このまま難民の受け入れを続けることがよいのかどうか，グループ内での活発な意見交換が行われるようにホワイトボードと付せんを使って議論を可視化させ，教師もその話し合いに参加しながら，最後には個人のワークシートに自分なりに意見をまとめさせる方法をとることにしました。

2　学習改善につなげる評価場面・活動と評価基準の事例

　話し合いを活発化させるために，難民の受け入れをめぐって対立するいくつかの立場や意見を発表し，現段階での最もよいと思うアイデアをグループで話し合う活動を行いました。具体的には，①難民問題を考えるキーワードを付せんに書き，分類してグループをつくり，②分類したグループごとに名前をつける。最後に③グループの内容を使って，班ごとに難民問題を考えるための論点をまとめて，発表するというものです。ホワイトボードと付せんを使うことで，対立している立場や意見が明確になり，問題の所在やどうなることがよいことなのか，その解決策に向けての流れが導きやすくなっていきます。

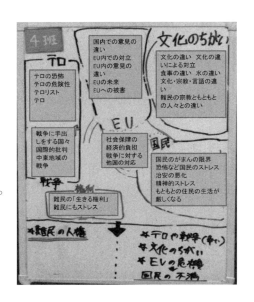

3　記録に残す評価場面・活動と評価基準の事例

　本時では，難民問題についての話し合い活動を振り返り，日本の難民受け入れのあり方も含め，これからどうなることがよいことなのか，自分たち自身の課題として表現することができたかをポイントとしました。まず「(B)おおむね満足できる」記述の例としては，「ドイツの人たちからすると，文化も宗教も言語も違う人を受け入れるのには勇気がいるし，テロリストも紛れ込んでいるという恐怖もある」というように治安の悪化が懸念される一方，「難民にも人権があり，たまたまシリアに生まれただけなのに普通の生活ができないのはおかしい」という意見や，「何百万という単位で受け入れると自分の国が貧しくなったりするのではないか」というように，難民受け入れのメリットとデメリットという視点から考察するというものです。「(A)十分満足できる」状況は，Bの状況に加えて，人種・民族・宗教の違いを超えた普遍的な価値（人権意識）を守ろうとする指摘や，「同じ地球に住む人たちだから協力しなければいけない」というように国家間の結びつきを求めるもの，具体的に行動することのできる部分について表現できたもの，としました。一方，「(B)おおむね満足できる」状況に達しない場合の手だてとしては，「国を越えた問題に対して国際連合をはじめとする国際機構の果たす役割について既習の学習内容を振り返るようにする」ことが考えられます。

（上園　悦史）

事 例　**3** 公民的分野

8

D　私たちと国際社会の諸課題
(2) よりよい社会を目指して

現代社会の問題からよりよい社会を構想する

1　指導と評価の計画

(1)　学習の過程・活動

　この単元は，環境・資源・エネルギー・貧困などの問題に関連する様々な資料を収集させる活動を通して，持続可能な社会に対する関心を高め，それを形成するために解決すべき課題を見つけ，自分の考えをまとめさせることがねらいとなります。その際，対立と合意，効率と公正，協調，持続可能性などの視点から多面的・多角的に考察し，表現させることが重要です。新たに知識・技能として習得すべきものはありませんが，歴史と地理の両分野の学習の成果を踏まえ，「よりよい社会を目指して」いくために解決すべき課題について，自分なりの考えや提言をまとめ，持続可能な社会の実現に向けて意欲的に取り組もうとする態度を育てることを目標としています。

(2)　評価規準と評価方法
①　評価規準

$\boxed{\text{思・判・表}}$ 社会的な見方・考え方を働かせて，私たちがよりよい社会を築いていくために解決すべき課題を多面的・多角的に考察，構想し，自分の考えを説明，論述している。

$\boxed{\text{態}}$ 私たちがよりよい社会を築いていくために解決すべき課題について，現代社会に見られる課題の解決を視野に主体的に社会に関わろうとしている。

②　評価方法

　まずは，学習した内容や自分がこれまでに取り組んだレポートを読んで調べるテーマを決定します。次に書籍，インターネットなどを活用したり，社会教育施設への訪問，インタビュー調査をしたりして，その成果をまとめ，途中には個人またはグループで設定したテーマについて，情報交換，意見交換を行います。最後にレポートの形式にまとめて，発表をする，という流れです。最終的には個人のレポートにまとめて，持続可能な社会の実現にむけて努力していこうという気持ちや，新たに追究してみたい課題などについて多面的・多角的に考察し，表現していることがポイントとなります。

2 学習改善につなげる評価場面・活動と評価基準の事例

　生徒たちは，自ら設定したテーマに基づいて様々な方法を使って情報を集めてきます。その際に，情報源の特定と調べる媒体の幅に注意したいです。特定の媒体に偏ったまとめにならないように，集めた情報について，必要な情報を抜き書きしたり，グラフや表などにまとめるなどして整理し，結果を「情報カード」に記入させることで情報源をより改善することができます。情報カードを右図のように分けることで自分の情報源が何に依拠しているのか，バランスも色別の分量によって自分で調整することができます。また，資料の収集と考察の途中段階で，レポートの構想案や調査の進み具合などについて，友人と相談したり，グループ内で話し合いをしたりすることも効果的です。時には情報カードそのものを交換したり，新たにわいてきた疑問や，さらに調査が必要なことを見つけ出し，その結果をワークシートに記入します。また，自分が収集した資料と考察の途中経過をレポート用紙や模造紙などにまとめ，発表することも大切です。

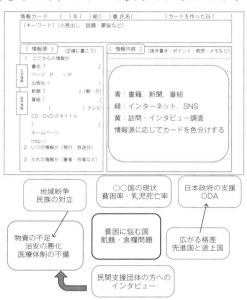

自分自身の頭の整理になるとともに，自分が取り組んでいる問題を俯瞰して考察するきっかけにもなり，他者に伝わりやすい方法や論理の展開を工夫することが求められてきます。

3 記録に残す評価場面・活動と評価基準の事例

　本単元の最後は，各自の成果を発表し，お互いに助言すべき内容を付せんに書いて渡したり，発表を聞いたりする活動を通して，持続可能な社会の実現にむけて努力していこうという気持ちや，新たに追究してみたい課題などを振り返ることです。その際に，①意欲的に調査に取り組めた，②自分から意欲的にグループの活動ができた，③知りたいことがきちんと調べられた，④発表にむけて準備ができた，⑤これからの課題が見つけられた，といった項目についてワークシートに記入してもらいます。特に「主体的に学習に取り組む態度」では，「(B)おおむね満足できる」例として，仲間の意見を聞いて自分の考えを修正したり，設定した学習課題の調査の方法を工夫したりするなど自ら修正・調整を図ったことを評価します。さらに「(A)十分満足できる」例として，自分の考えを振り返ったり，試行錯誤を繰り返したりしながらも粘り強く課題解決に取り組んでいる姿が見られたことを取り上げていくことになります。　　（上園　悦史）

第 3 章

実例でよくわかる！
ペーパーテストによる「知識・技能」と
「思考・判断・表現」をむすびつけた
評価の事例

事 例 **1** 地理的分野

1

A 世界と日本の地域構成
(1) 地域構成

授業で考察させた特色をもとに知識・技能を問う

1 評価規準

> 知・技 ・大陸と海洋の分布などを基に，世界の地域構成を大観し理解している。
> ・我が国の国土の位置，世界各地との時差，領域の範囲とその特色などを基に，日
> 　本の地域構成を大観し理解している。

2 問題作成にあたって

　本単元は中学校での学習の導入にあたり，座標軸を作るという点から，世界の国々や地域の
名称を理解させることが重要です。一方，授業の中で世界と日本の地域構成について考察させ
ながら育成した力を，ペーパーテストの中でも測れるように工夫したいところです。そこでこ
の問題例では，授業で考察させた特色に至る過程をたどらせるような「知識・技能」を問う構
成としました。**1**は，大陸と海洋の分布についての理解を，グラフや地図を用いて問うもので
す。ヨーロッパ州が中心の世界地図でも，太平洋の位置を正しく理解できているかがポイント
です。**2**では，日本の対蹠点や経度と時差の関係についての理解を問います。「ア」を選んだ生
徒には地図の種類と特色を，「エ」を選んだ生徒には経度と時差の関係を見直すよう支援する
必要があります。**3**では，日本の海洋国家としての特色を問います。授業で考察させた特色を
もとに，資料中の数値を読み取って他の国々と特色を比較し，その結果を適切に表現させるこ
とをねらいました。

3 評価の基準

正答数により，以下の基準で評価する。
（3問中）3問正解だった場合　a
　　　　　2問正解だった場合　b
　　　　　1問のみ正解または3問とも不正解だった場合　c

070

4 問題例

1 右の図1は，地球上に占める陸地と海洋の割合を示しています。陸地を示しているのはA・Bのどちらですか。また，Xにあてはまる大陸または大洋の位置を，下の図2中のあ〜えのうちから1つ選びましょう。

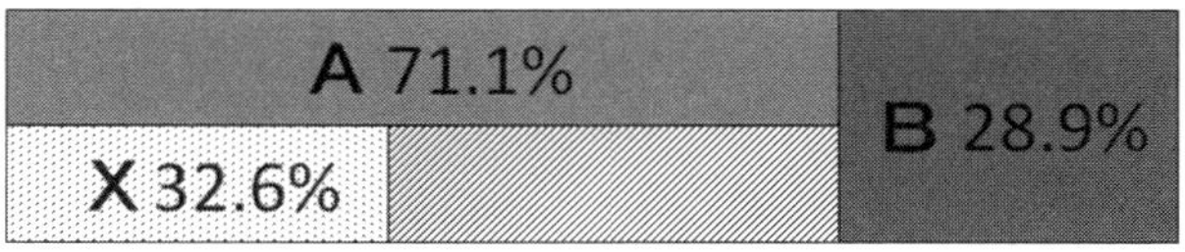

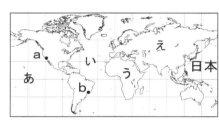

図1
(『理科年表2021』より作成)

2 右の図2中の地点a・bを比べて述べた文として適切なものを，次のア〜エのうちから2つ選びましょう。
ア　日本からの距離が，より遠い地点はaです。
イ　日本からの距離が，より遠い地点はbです。
ウ　日本との時差が，より大きい地点はaです。
エ　日本との時差が，より大きい地点はbです。

図2
(帝国書院「ハイマップマイスター」を使用して作成)

3 奏太さんは，世界の国々について調べる中で次の資料を手に入れました。領土の面積と領海・排他的経済水域の面積に着目して，日本と世界の国々を比べたとき，日本は資料中のどの国に最も似ていると言えるでしょうか。国名を1つ選び，理由とともに説明しましょう。

国名	領土の面積（万km²）	領海・排他的経済水域の面積（万km²）
ブラジル	852	317
オーストラリア	769	701
メキシコ	196	285
ニュージーランド	27	483

(海洋政策研究財団「海洋白書2009」，総務省統計局「世界の統計 2020」より作成)

5 解答例

1 B・あ（完答）　　**2** イ・ウ（完答）

3 ニュージーランド
（例）領土の面積に対して，領海・排他的経済水域の面積が10倍以上広いため。

(五十嵐辰博)

事例

2

事例　**1** 地理的分野

B　世界の様々な地域
(1)　世界各地の人々の生活と環境

身に付けた知識を活用させる出題の工夫

1　評価規準

> 思・判・表　世界各地における人々の生活の特色やその変容の理由を，その生活が営まれる場所の自然及び社会的条件などに着目して多面的・多角的に考察している。

2　問題作成にあたって

　1は伝統的な生活についての文章をもとに，関連する国の位置や雨温図を選択する問題です。「遊牧」のように，直接的に解答に結び付く語句を説明文中から除いています。正答に至るためには，カードの文章から「遊牧」と「気温の変動」という条件を読み取る必要があります。したがって，生徒が選んだ誤答により，どのようなところにつまずきがあるか分析し，支援の手立てを考えることができます。**2**は，人々の生活の特色やその変容を社会的条件から考察できるかを問いました。いずれの問題も，単元で身に付けさせた知識を活用する思考力を問うような構成としました。なお，この単元では，景観写真等から情報を読み取る力，気候や主な宗教の分布を理解し，それらを示した主題図を適切に読み取る力を問うことも大切です。紙幅の都合で写真や主題図を用いた問題例を掲載できませんでしたが，国立教育政策研究所教育課程研究センターの『「指導と評価の一体化」のための学習評価に関する参考資料』には，本単元を事例とした問題例が掲載されています。そちらもあわせて参照してください。

3　評価の基準

正答数により，以下の基準で評価する。
（4問中）3問以上正解だった場合　a
　　　　　2問正解だった場合　b
　　　　　1問のみ正解または4問とも不正解だった場合　c

4 問題例

1 次のカード1のような伝統的な食生活が見られる国として適切なものを，下の地図中A～Dのうちから1つ選びましょう。また，その国の中で，地図中に●で示された都市の雨温図として適切なものを，あとのア～エのうちから1つ選びましょう。

カード1
家畜から生産される肉類や，肉が腐る時期には干し肉や乳製品をおもに食べます。穀物や野菜，果物はあまり栽培できません。

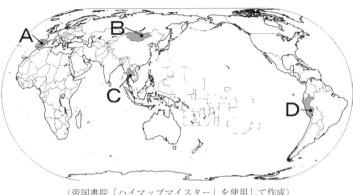

(帝国書院「ハイマップマイスター」を使用して作成)

ア 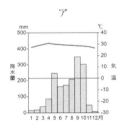　イ 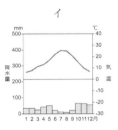　ウ 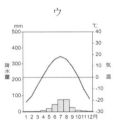　エ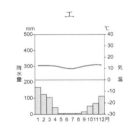

2 インドで下のカード2のような事象が見られるのはなぜか，その要因と関連の深い説明文として適切なものを，次のア～エのうちから2つ選びましょう。

ア　地域ごとの自然環境の違いで，飼育する家畜が国によって異なっている。
イ　地域ごとの信仰する宗教の違いで，食文化が国によって異なっている。
ウ　地球温暖化などで自然環境が変化し，世界の様々な地域で生活様式が均質化している。
エ　人，物，情報の交流が活発になり，生活様式が他国の影響を受けて変化している。

カード2
首都近郊に日本のカレーチェーン店が出店しました。メニューは日本のものと異なり，豚肉や牛肉が使われていません。

5 解答例

1 B，ウ　　**2** イ，エ

(五十嵐辰博)

事例 **1** 地理的分野

3

B 世界の様々な地域
(2) 世界の諸地域

地球的課題と地域的特色を関連付ける

1 評価規準

> 思・判・表 世界の各州において，地域で見られる地球的課題の要因や影響を，州という
> 地域の広がりに着目して，それらの地域的特色と関連付けて多面的・多角的に考察し，
> 表現している。

2 問題作成にあたって

　本単元の評価問題は，個別の地名や語句を問うものになってしまいがちです。本来のねらい
に沿った出題例として，「思考・判断・表現」に重きを置き，学習を通して考察させた地域的
特色をもとに解答できるような問題を提示しました。単元全体を学習し終えた時期の評価問題
を想定し，複数の州を対象とした問題となっています。**1**では，統計資料から人口や産業の特
色，経済格差という課題を見出させます。農林水産業就業人口の割合はA（アジア州）・Bが
高く，C（北アメリカ州）・Dが低いこと，自動車生産台数はA・Cが多く，B・Dが少ない
ことに着目させるねらいがありますが，補助的に人口の資料も含めました。**2**は，知識を活用
して未知の主題図を読み取らせる問題です。上位7か国が北半球に集中し，先進工業国や新興
国ばかりであることから，GDPの高さや工業化との関係を想起させます。②の誤答となって
いる地球的課題では，南アメリカ州やアフリカ州の国が上位に入ってくることも，学習内容に
基づいて考えさせることができます。

3 評価の基準

正答数により，以下の基準で評価する。
（3問中）3問以上正解だった場合　a
　　　　　2問正解だった場合　b
　　　　　1問のみ正解または3問とも不正解だった場合　c

4 問題例

1 次の資料は，世界の州ごとの統計をまとめたものです。資料中のBとDにあてはまる州の組み合わせとして適切なものを，あとのア～エのうちから1つ選びましょう。

資料（2018年）

州	世界の総人口に占める州の人口の割合（％）	州の総就業人口に占める農林水産業就業人口の割合（％）	自動車生産台数（千台）
A	59.8	30.5	54454
B	16.7	49.3	1102
ヨーロッパ	9.8	5.5	20459
C	7.6	6.5	17424
D	5.6	12.5	3423
オセアニア	0.5	12.5	6

（「世界国勢図会」2020／21年版，総務省統計局「世界の統計 2020」より作成）

ア　B：アジア州　　D：北アメリカ州　　イ　B：アジア州　　D：南アメリカ州
ウ　B：アフリカ州　D：北アメリカ州　　エ　B：アフリカ州　D：南アメリカ州

2 右の図は，ある値の上位7か国（2017年）を示しています（円の大きさは，値の大きさに比例しています）。

①示された国々は，どのような国々ですか。その特色を簡潔に述べましょう。

②図に示された「ある値」とは何ですか。次のア～エのうちから最も適切なものを1つ選びましょう。

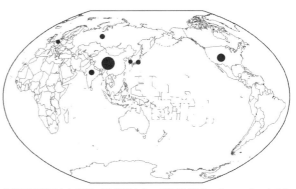

（「世界国勢図会」2020／21年版より，帝国書院「ハイマップマイスター」を使用して作成）

ア　二酸化炭素排出量　　イ　森林面積減少率
ウ　貧困率　　エ　難民の受け入れ人数

5 解答例

1 エ

2 ①（例）工業がさかんで経済発展している国々や，近年の工業化が著しい国々　②ア

（五十嵐辰博）

事例

4

1 地理的分野

C 日本の様々な地域

(1) 地域調査の手法

未習地域の地図やデータを用いて，活用できる技能や知識の確認を

1 評価規準

> 知・技 ・観察や野外調査，文献調査を行う際の視点や方法，地理的なまとめ方の基礎を理解しているとともに，地形図や主題図の読図，目的や用途に適した地図の作成などの地理的技能を身に付けている。
>
> 思・判・表 ・対象となる場所の特徴などに着目して，適切な主題や調査，まとめとなるように，調査の手法やその結果を多面的・多角的に考察し，表現している。

2 問題作成にあたって

　問題例は，授業で取り扱った地域と異なる場所の地形図を扱うという意味での例示です。生徒に技能を活用させ，その定着度をはかる点からは，初見の地域の地形図を利用することが望ましいと考えます。地形図を読み取る知識・技能については，地図記号等の個別の知識を問う問題も考えられますが，今回は基本的な知識を活用する問題を例示しました。例示した問題の他にも，学校所在地域の学習内容に応じ，地形や新旧地形図の比較などの問題が考えられます。

　3 は，地域調査を進める際の課題解決と類似の場面を設定し，適切なまとめ方の選択・判断ができるかどうかを問う，思考・判断・表現の問題になっています。これも，学習の状況に合わせて，多様な工夫が考えられます。

3 評価の基準

正答数により，以下の基準で評価する。

【知識・技能】（1 と 2 より）

（2問中）2問正解だった場合　a，1問正解だった場合　b，全て不正解だった場合　c

【思考】（3 より）

人口分布図や，町ごとの人口を示すグラフの作成を指摘できればb，不正解だった場合c

4 問題例

下の地形図に○で示された中学校で，身近な地域の調査をしました。以下の問いに答えなさい。

1 中学校周辺の様子について説明した文章中の①，②に当てはまる語の組み合わせとして正しいものは，ア～エのうちどれですか。

〈文章〉中学校から（ ① ）に直線でおよそ（ ② ）進んだところには，大きな野球場があります。

	①	②
ア	南東	1 km
イ	南東	500m
ウ	西	1 km
エ	西	500m

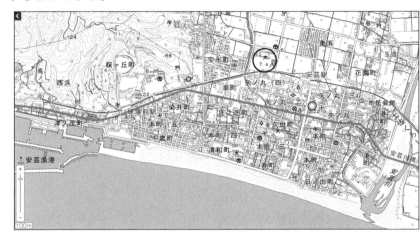

地形図　　　　　　　（出典：地理院地図）

2 次の文章は，Aグループが地域調査をしたときに歩いたルートマップを言葉で説明したものです。文章中の（　　）に当てはまる語を書きなさい。

〈文章〉学校を出発し，電車の線路をくぐり，3つ目の交差点を曲がり300mほど進むと，（　　）があります。私たちは，（　　）から駅と反対方向に向かい，「本町」の商店街を調査しました。

3 Aグループは，「本町」についてさらに文献調査を行いました。その結果，安芸市の他の町と比べて，最も人口が多いことに気付きました。このことを多くの人に分かりやすく表すためには，どのような工夫をすればよいですか。

5 解答例

1 ウ　　**2** 市役所
3 （例）町ごとの人口で階級区分した人口分布図を作る。町ごとの人口をグラフで表す。

（渡邊　智紀）

事例 **1** 地理的分野

5

C 日本の様々な地域
(2) 日本の地域的特色と地域区分

知識や技能を活用したり組み合わせたりして解く問題で思考力を問う

1 評価規準

> 知・技 日本の自然環境，人口，資源・エネルギーと産業，国内各地や日本と世界との結び付きを基に，地域区分をする技能を身に付けるとともに，それぞれの特色や日本の国土の特色を大観し理解している。
>
> 思・判・表 地域の共通点や差異，分布などに着目して，日本の国土の特色を，４つの項目に基づく地域区分の結果を相互に関連付けて多面的・多角的に考察し，表現している。

2 問題作成にあたって

　分野が多岐にわたるため，ここでは自然環境に関する問題例を３問，資源・エネルギーに関する問題例を１問紹介します。**1**は，データに基づき，実際に地域区分をする技能を見る問題です。**3**は，読み取った情報をもとに，学習した知識を関連付けて解答する問題です。**4**は，日本の発電の状況と，資源輸入の状況に関する知識を組み合わせて解くタイプの問題です。このような問題で知識・技能を評価します。**2**は，自然環境のうち，地形の分布に着目させ，降水量と地形を関連付けて説明させる問題です。このように，国土の特色やその要因を関連付けて表現する，思考・判断・表現の観点で出題しています。

3 評価の基準

1**3****4**は，正答数により，以下の基準で評価する。
（３問中）３問正解だった場合　a　　２問正解だった場合　b
　　　　１問のみ正解または３問とも不正解だった場合　c
2は，季節風と山脈の関係を指摘し，日本海側に雪が多い理由を書けていればb，太平洋側の降水が少ない理由まで書けていればa，その他はc

078

4 問題例

1 図は，1月の降水量（平年値）を表しています。これをもとに，日本を冬の降水量が多い地域と，降水量が少ない地域に区分する線を1本引きましょう。

2 **1**のように，1月に降水量が多い地域と少ない地域に分かれるのは，なぜですか。山脈の分布に着目し，「季節風」の語を使って説明しましょう。

3 図の，1月に特に降水量が多い地域で，この時期に起こりやすい災害の例を，1つ具体的に挙げましょう。

図　1月の降水量（平年値）
（出典：気象庁ホームページ）

4 近年，日本の住宅や企業などに，太陽光発電装置が取り付けられることが多くなっています。この理由について説明した文章中の（　）に当てはまる語の組み合わせとして正しいものは，ア～エのうちどれですか。

〈文章〉日本の発電は，主に（　①　）が中心となっている。（　①　）のエネルギー源は自給率が（　②　）ことや，地球温暖化を引き起こす問題があることから，太陽光発電が期待されている。

	①	②
ア	火力発電	低い
イ	火力発電	高い
ウ	水力発電	低い
エ	水力発電	高い

5 解答例

1 略

2 日本は，山脈が背骨のように連なっており，冬には日本海側から吹く水分を含んだ季節風がその山地にぶつかって日本海側に雪を降らせ，太平洋側には乾いた風が吹くため。

3 （例）大雪による交通網の寸断，雪下ろし中に屋根から転落するなど

4 ア

（渡邊　智紀）

事例

1 地理的分野

6

C 日本の様々な地域
(3) 日本の諸地域

4つの中核となる考察の仕方をバランスよく，かつ，概念的な知識を問う問題づくりを

1 評価規準

> 知・技 日本の各地域について，中核となる考察の仕方で取り上げた特色ある事象と，それに関連する他の事象などの地域的特色や地域の課題を理解している。
>
> 思・判・表 中核となる事象の成立条件を，地域の広がりや地域内の結び付き，人々の対応などに着目して，他の事象やそこで生ずる課題と有機的に関連付けて多面的・多角的に考察し，表現している。

2 問題作成にあたって

「日本の諸地域」は大きな内容のまとまりであるため，各地方の地域的特色に関する設問と合わせて，後掲しているような，複数の地域にまたがる概念的な知識を問う設問も出題しやすいです。自然環境，産業，人口，交通・通信の4つの中核となる考察の仕方で地域を見ることができているかを，バランスよく問いたいところです。**1**は，自然環境とそれが影響を与えている地域の産業の関係の理解を見る，知識の問題です。**2**は，似通った特色をもつ2地域の学習で得た知識を総合したり，比較したりしながら，知識を活用して解答する問題としました。**3**は，「人口集中」という事象の背景を，各地域の学習を通して得た概念的な知識をもとに関連付けて，多面から説明する思考・判断・表現の問題としています。

3 評価の基準

【知識・技能】（**1**と**2**より）
（2問中）2問正解だった場合　a，1問正解だった場合　b，全て不正解だった場合　c
【思考】（**3**より）
3つ以上の点から論理的に結び付けて記述できていればa（3点）
2〜3の点から網羅的に書けていればb（2点）　それ以外はc（0〜1点）

第3章　実例でよくわかる！ペーパーテストによる「知識・技能」と「思考・判断・表現」をむすびつけた評価の事例

4　問題例

1 次のア〜オは，九州地方に見られる特色や，その背景となっていることがらを表しています。これら全てを，図の①と②に適するように分類しなさい。

①背景となることがら	だから	②その結果見られる特色

ア　冬も比較的温暖な気候の地域が多い　　イ　九州南部で畜産が盛んである

ウ　ビニールハウスを利用した農業がおこなわれている　　エ　火山が多い

オ　桜島にシェルターが設置されている

2 中央高地の浅間山周辺や東海地方の渥美半島では，キャベツの栽培が盛んに行われています。2つの地域の特色についてまとめた次の文章中の（　　）に入る語の組み合わせとして正しいものを，ア〜エの中から1つ選びなさい。

〈文章〉浅間山周辺と渥美半島のキャベツ栽培地に共通していることは，（　①　）である。しかし，それぞれ気候が異なっていて，浅間山周辺では（　②　）キャベツを栽培している。

	①	②
ア	消費地である大都市にほど近いこと	夏の涼しい気候を生かして
イ	消費地である大都市にほど近いこと	冬の温暖な気候を生かして
ウ	扇状地が広がっており，水はけがよいこと	夏の涼しい気候を生かして
エ	扇状地が広がっており，水はけがよいこと	冬の温暖な気候を生かして

3 近畿地方や関東地方に，人口が集中しているのはなぜですか。3つ以上の面から，分かりやすく文章で説明しなさい。

5　解答例

1 ①ア，エ　　②イ，ウ

2 ア

3 （例）広い平野に多くの都市が分布し，それらが鉄道や道路網で結ばれて交通の便がとてもよいことや，工業地帯が広がっており多くの働く場所があり，仕事が得やすい地域であるため，人が他の地域から多く移動してくるから。

（渡邊　智紀）

081

事例 **1** 地理的分野

7

C 日本の様々な地域
(4) 地域の在り方

正解の数量を問うペーパーテストではなく，活動の質を問うペーパーテストを

1 評価規準

> 知・技 地域の実態や課題解決のための取組を理解するとともに，地域的な課題の解決に向けて考察，構想したことを適切に説明，議論しまとめる手法について理解している。
> 態 地域の在り方について，よりよい社会の実現を視野にそこで見られる課題を主体的に追究，解決しようとしている。

2 問題作成にあたって

　この単元は，地域的な課題の解決に向けて考察，構想する活動が主となっているため，内容知よりも方法知が知識・技能の中心となります。また，課題の解決策を考察・構想する活動では，他の地域の複数の取り組み事例などを参考に，地域に即した解決策を考察していきます。このような探究的な学習過程をペーパーテストで定量的に評価するのは難しいです。そこで，活動を振り返った自己評価の形で，取り組んだ「成果」に着目して質的に評価してはどうでしょうか。試験の実施方法としては，質問紙として問いに対する解答を記入させる形や，口頭試問の形で一人一人に面接法で評価する形などが考えられます。学級の人数や時数に合わせて適切に実施したいです。評価の伝え方も，記号ではなく言葉で書くなど，工夫をするとよいでしょう。

3 評価の基準

【知識】 **1** **2** **3** **4** …特に **2** **4** を重視する。問いに対しておおむね適切に説明ができていればb，複数の視点から課題の背景を説明していたり，作成した資料の長所を踏まえて具体的に述べていたりする場合a，適切に説明ができない場合はc
【態度】 **5** …自分事として地域の課題解決にあたり取り組みたいことを語れていればb，その内容が具体的であるなど程度が高いものはa，語れていないものはc

第3章　実例でよくわかる！ペーパーテストによる「知識・技能」と「思考・判断・表現」をむすびつけた評価の事例

4　問題例

あなたが取り組んだ，地域の在り方についての調査～発表について，振り返り答えなさい。

1 地域の課題について，
　①あなたのグループでは，どのようなことを取り上げましたか。
　②その課題を解決することは，SDGs の17の目標のどれを達成することにつながりますか。
　　最も関係が深い番号を１つ選びなさい。

2 地域の課題が発生するようになった背景について，その要点を説明しなさい。

3 地域の課題の解決に向けて構想するとき，参考にした他地域の事例と，なぜ参考にしよう
　と考えたのか，その理由を書きなさい。

4 課題の解決策を考察・構想した結果を発表しましたが，地域の課題や構想した取り組みを
　効果的に伝えるために，どのような工夫をしましたか。

5 地域の課題の解決のために，今自分が率先して取り組まなければならないことは，どうい
　ったことですか。また，将来的に取り組みたい（関わりたい）と考えることは何ですか。

5　解答例

1 ①（例）若い人たちの都市への流出
　②11（住み続けられるまちづくりを）
2 （例）高度経済成長期の……農業が地域の産業の中心であること……
3 事例：（例）和歌山県北山村の，地域の特産品である「じゃばら」を使って新しい産業を生み出した
　　　　　取り組み
　理由：（例）地域には○○（特産物）がありますが，全国的に注目されておらず……
4 私たちの班はプレゼンテーションソフトを用いて……。その中で人口の減少について，分布図を作成
　し示したことで，変化を分かりやすく表すことができました。
5 略

（渡邊　智紀）

事例

1

事例 **2** 歴史的分野

A 歴史との対話
(1) 私たちと歴史

時代の表現方法の基礎や意義を問う例

1 評価規準

> 知・技 ・時代区分の基礎を理解し，その役割を理解している。
> ・資料から情報を適切に読み取り，年表の意義を理解している。

2 問題作成にあたって

　この事例では小学校での学習を基盤に，年表を活用して時代の表現方法を理解しているかと，その意味を理解しているかを問うています。

　時代の表現方法を理解することで時期や出来事の推移に着目して思考を深めることが可能となります。そのためには基礎的な事項としての時代名を記憶している必要があるため，**1**では任意の時代名を問うこととしました。また**2**では小学校で学習した人物がどの時代の人物なのかを問うことで，時代認識につなげることを目的としています。**3**では各種の時代表現の中でどの表現を使うことが適切かを問うています。個別事象を表現し，日本と外国を比較するときにはどの表現が適切かを選択し，その理由を述べさせています。**4**では年表がどのような趣旨をもって作成されているかを読み取ることを目的としています。年表はその作成の意図があります。それを読み取ることで，より適切に歴史の流れをとらえていく力を育成することを目的としました。

3 評価の基準

正答数により，以下の基準で評価する。
（4問中） 4問正解だった場合　a
　　　　　 3もしくは**4**を含む2，3問正解だった場合　b
　　　　　 3 **4**に不正解の場合　c

084

第3章 実例でよくわかる！ペーパーテストによる「知識・技能」と「思考・判断・表現」をむすびつけた評価の事例

4 問題例

Aさんたちは小学校で学習した内容を使って以下の年表や人物カードを作りました。

〈年表〉

古代		中世				近世		近代			現代	
飛鳥	(a)	平安	鎌倉	(b)		安土桃山	江戸	明治	(c)	昭和	平成	令和

〈あ〉白村江の戦い　源頼朝が平氏を滅ぼす　〈い〉応仁の乱おこる　関ヶ原の戦い　〈う〉太平洋戦争開戦

〈カード〉

① この人物は若くして幕府の指導者となった。彼の時代に中国を支配したモンゴルが二度にわたって攻めてきたが勝利した。

② この人物は権力を握っていた豪族の蘇我氏を中臣鎌足と協力して倒し，大化の改新という改革を行った。

③ この武士は貧しい武士の家柄出身だが，のちに出世して総理大臣にまでなった。日清戦争のときの指導者で，勝利に導いた。

1 Aさんがつくった年表の時代欄の空欄(a)〜(c)に当てはまる時代名を答えましょう。

2 カード①〜③は年表中の〈あ〉〜〈う〉のいずれの時期に活躍した人物を説明したものか答えましょう。

3 BさんはAさんの年表に世界の出来事を加えることを提案しました。そうする場合，年表中の□□□□に入れるのは西暦・世紀・元号のどれがよいか理由とともに答えましょう。

4 この年表はどのような内容を中心につくられているでしょうか。説明しましょう。

5 解答例

1 (a)奈良　(b)室町　(c)大正

2 ①〈い〉　②〈あ〉　③〈う〉

3 西暦

理由：世界共通の時代の表現方法を使うことでいつの出来事かを比較できるから。

4 戦いの歴史を中心につくられている。

（藤田　淳）

事 例　2 歴史的分野

2

A　歴史との対話
(2)　身近な地域の歴史

身近な地域の歴史と時代の特色を関連付けた問題の例

1　評価規準

> 知・技 ・身近な地域の変化の様子と関連付けて，明治時代初期の日本の改革の様子を理
> 　　　解している。
> ・資料から地域の変化の様子を読み取っている。

2　問題作成にあたって

　身近な地域の歴史は，その学校の地域的特色と関連付けられる時代と関連しながら扱うこと
で効果的な指導ができます。本事例では東京都港区に建設された鉄道遺構（問題中写真 X「高
輪築堤」）を資料として活用することで，明治時代の日本の改革の様子をとらえることを目的
としています。
　「高輪築堤」が鉄道建設に伴って国防上の理由で海上に建設された事実から，当時の日本が
欧米列強からの植民地支配への危機感があったことをとらえさせたいです。鉄道の建設の事例
から当時の日本が進めていた近代化政策の様子をとらえさせるための，知識・技能に重きを置
いた問題となっています。

3　評価の基準

正答数により，以下の基準で評価する。
（4問中）4問正解だった場合　　a
　　　　　3と4を含む2問に正解だった場合　　b
　　　　　3と4の両方に不正解だった場合　　c

4　問題例

東京都港区に住むAくんは学校の近くで明治時代に建設されたある遺構が発見されたと聞き，写真を撮りました。その写真がXです。AくんはXがある地域に関する年表をつくり地域の歴史を学ぶことにしました。

1641年	泉岳寺が移転してくる
1710年	高輪大木戸の設置
1853年	砲台である台場建設のため八ツ山などを切り崩す
1858年	外国との貿易が始まり，横浜が最大の貿易港となる
1870年	鉄道設置工事が始まる
1872年	横浜から新橋までの鉄道が開通する
1912年	品川駅の南側の地域の埋め立てが始まる
1939年	埋め立て作業が完了

1　写真Xに関連する資料はほぼ同じ場所を描いた以下の資料ア〜ウのうちどれでしょうか。

2　写真Xは**1**で選択した資料から（　Y　）に建設されたことがわかります。（　Y　）にあてはまる建設された場所を答えましょう。

3　写真Xが**2**のような場所に建設されたのは軍部が国防上の理由で土地を利用させなかったからです。当時の日本はどのような国防上の理由を抱えていたでしょうか。欧米列強との関係に着目して答えましょう。

4　写真Xの建設は当時日本が進めていたどのような政策と関係するか説明しましょう。

5　解答例

1　ア　　**2**　海上（海の上）
3　当時の日本は欧米列強に植民地にされるかもしれないという危機感を抱えていたので，そのため国を守る備えをする必要があった。
4　当時の日本は欧米列強に負けない国になるために近代化政策を進めていた。写真Xの鉄道建設もその一環である。

(藤田　淳)

事 例

3

2 歴史的分野

B 近世までの日本とアジア
(1) 古代までの日本

古代の国家建設と東アジアとの関係に着目した問題例

1 評価規準

知・技 ・古代日本が東アジア（唐）と密接に関係して国づくりを進めていたことを理解している。

・年表や図版から日本と唐の関係を読み取っている。

2 問題作成にあたって

　本事例では古代日本と唐との関係に着目して考察することで，古代日本がどのように国づくりを進めていったかをとらえさせる，知識・技能に重きを置いた問題となっています。

　日本初の本格的都城である藤原京はのちの平城京や平安京よりも大きなものとしてつくられました。にもかかわらず，わずか16年で平城京へ遷都されることになる理由を考えることによって，当時の日本に及ぼした唐の影響の大きさと，日本の国づくりの方針をとらえることを目的としています。年表から唐を手本とし，遣唐使帰国以後に改革が行われたこと，日本の都と長安との比較の図版において藤原京は長安と異なる形で，平城京は同様な形だったことから日本と唐の関係に気付かせたいです。

3 評価の基準

正答数により，以下の基準で評価する。
（3問中）3問とも正解だった場合　　a
　　　　　 2 3 に正解だった場合　　b
　　　　　 1 のみ正解だった場合　　c

088

4 問題例

太郎さんは古代の学習をする中で藤原京に興味をもちました。本格的な都として建設されたにもかかわらず，わずか16年で次の都に変わってしまいます。その理由を明らかにするために太郎さんは以下の資料A・Bを用意しました。

資料A

```
694年　唐を手本に藤原京を建設
701年　唐を手本に（　X　）の作成
702年　遣唐使を派遣
704年　藤原京の宮都完成
　　　　遣唐使帰国
706年　帰国した遣唐使の影響を受けて
　　　　政治改革を始める
708年　平城京への遷都を発表
710年　平城京へ遷都
```

資料B

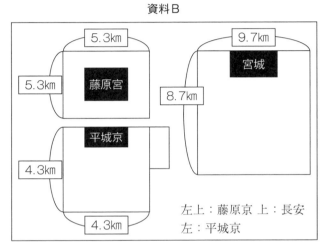

1　太郎さんが用意した資料Aの空欄Xには，当時の日本が初めて完成させた国の仕組みや法を定めたものが入ります。それは何か答えましょう。

2　なぜ藤原京は短い期間で平城京に遷都されたのでしょうか。その理由を資料Aと資料Bの日本の都と唐の都長安の比較からわかることをふまえて，説明しましょう。

3　古代の日本はどのように国づくりを進めていったのでしょうか。資料A・Bを活用して説明しましょう。

5 解答例

1　大宝律令
2　藤原京をつくったが，遣唐使により長安の姿が伝わると宮の位置が異なることがわかったので，長安と同じ形の正しい姿の都をつくることが求められたため。
3　古代の日本は国の仕組みや法，都の形に至るまで様々なことを唐から学び，進んだ制度を取り入れることで国づくりを進めていた。

（藤田　淳）

事例

4

事例 **2** 歴史的分野

B 近世までの日本とアジア
(2) 中世の日本

時代の特色をとらえる問題例

1 評価規準

> 知・技 ・中世の特色を産業の面から理解している。
> ・資料を適切に読み取り，その関係性を図に整理している。

2 問題作成にあたって

　中世は非常に多面性のある時代であり，その特色は様々な形で現れます。特に貴族から武士へと政治の主体が変化したことは大きな転換です。しかしながらその変化以外にも庶民の行動や生活に着目することで異なった特色が浮かび上がります。本事例では鎌倉時代の産業の発達に焦点を当て，中世に貨幣経済が浸透し始め，産業が活性化したという特色を理解しているかを問うこととします。

　1では定期市という売買の場が生まれたことを読み取らせます。**2**では，その定期市で商品の売買が行われるためには農業生産力の向上と手工業の発達といった背景があったことをとらえさせます。そして**3**で，定期市での売買が活性化したのは日宋貿易により宋銭が多く流入していたことによって産業が活性化したことを理解しているかを問う，知識・技能に重きを置いた問題となっています。このような段階的な問いを設定することで，中世の特色に関する理解の状況を見取ることができます。

3 評価の基準

正答数により，以下の基準で評価する。
（3問中）3問すべて正解だった場合　　a
　　　　　　3を含む2問正解だった場合　　b
　　　　　　3に不正解で1問以上正解の場合　　c

090

4 問題例

Aさんたちは中世の日本を代表する出来事は何かという課題に取り組んでいました。Aさんは産業の発達に着目して，学習の内容を以下の3枚のカードにまとめました。

| ①平安時代後期から日を限って市が立てられ始め，鎌倉時代には月3回の市が普及していった。 | ②鎌倉時代になると近畿地方や西国では米と麦を同じ田畑で作る農業が始まった。 | ③武具をつくる鍛冶屋や衣類を染めたりする紺屋などの手工業者が活躍するようになった。 |

1 Aくんがつくったカード①は何について述べたカードか答えましょう。

2 Bくんは，Aくんがつくったカード①～③を以下の図のように並べるとそれぞれの関係性をわかりやすく表現できると考えました。またBくんも必要だと考えるカード④をつくって加えました。図あ～うに当てはまるカード①～③の中から1つずつ選んで数字で答えましょう。

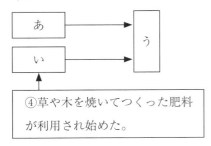

3 Cくんは，Aくんのカードやβくんの図を見て，中世の代表的な出来事は「日宋貿易」だと考えました。Cくんがそう考えた理由は，図中"う"で「あるもの」が使われるようになったからです。その「あるもの」を明らかにして，なぜCくんは「日宋貿易」を代表的な出来事だと考えたか，説明しなさい。

5 解答例

1 定期市
2 あ：③　い：②　う：①
3 定期市において宋銭がたくさん使われ，物の売買が盛んになるなど商業の活性化が中世の特徴だと考えたから。

（藤田　淳）

| 事例 | 2 歴史的分野 |

5

B　近世までの日本とアジア
(3)　近世の日本

２つの小単元の内容の結び付きから考える評価問題
—なぜ日本橋には老舗が多いのか—

1　評価規準

知・技　・参勤交代の制度が社会に与えた影響を理解している。
　　　　・資料から日本橋界隈の様子，制度などに関する必要な情報を読み取っている。
思・判・表　事実（日本橋に老舗が多いこと）の要因（背景）を考えている。

2　問題作成にあたって

　本問題は，学習指導要領B(3)近世の日本(イ)(ウ)に関わり，授業で獲得した知識を活用して考察する問題です。授業において，江戸幕府により全国を支配する仕組みや身分制，都市や農村の生活の変化を学び，幕府と藩による支配が確立したこと，また産業や交通の発達，文化の広がりを学び，町人文化が都市を中心に形成されたことを扱っていることを前提に作成しました。問題構成は，形成的評価ができるように学習の段階性をみるものとしました。**1**は技能の問題で資料からの読み取り，**2**は読み取ったことから思考する，**3**は制度による社会の変化を理解できているかを問う問題となっています。

　1では，資料から参勤交代の制度と武士が大名行列で江戸に入ったことを読み取ります。選択肢として，異なる身分を入れる，理由に時代が異なる内容や資料と異なる内容を示すなどが考えられます。**2**では，条件（材料が集まった理由（交通など），客層）と結果（販売方法）の関係を説明させるものです。**3**では，これまでの事例を踏まえて，制度が社会に与えた影響をとらえられたか（概念的知識の獲得）を確認するものです。

3　評価の基準

1【技能】正解ならb　　**2**【思考】材料・客層と販売方法の関係が説明できている　　a
3【知識】参勤交代の制度が与えた影響（武士や商人，職人が集まり，さまざまなものが増えたことなど）の記述あり　　a

092

第3章　実例でよくわかる！ペーパーテストによる「知識・技能」と「思考・判断・表現」をむすびつけた評価の事例

4　問題例

次の会話文を読んであとの問いに答えなさい。（資料は紙幅の関係で省略。）

> 教師　：資料①から現在の東京の日本橋周辺には多くの商業施設があることがわかります。そのなか
> 　　　　には食べ物の老舗が多くあります。
> 生徒A：例えば，寿司，鰹節，和菓子，高級果物屋などがあります。調べてみると，江戸時代創業の
> 　　　　お店が多くあります。
> 生徒B：日本橋といえば，五街道の起点でした。
> 生徒A：そういえば，資料②を見ると，東廻り航路が開かれ，江戸に米などが運ばれたり，海も近い
> 　　　　ことから魚がとれ将軍に献上されたりしていました。
> 生徒B：江戸時代の資料③④を見ると，現在の日本橋にあるお店と何か違います。
> 生徒A：お客には｜　　　　　　X　　　　　　｜。
> 生徒B：資料④を見ると，中世まであまり見られなかった｜　　　　　Y　　　　　｜があります。
> 生徒A：資料③を見ると，他にも多様なお店があることがわかります。

〈資料〉①現在の日本橋の写真や老舗の写真　②江戸時代の交通　③「熈代勝覧」「江戸図屏風」など江
戸時代の日本橋の様子がわかる絵画資料　④江戸時代の日本橋の「振り売り」「屋台」「店舗」の絵画資
料　⑤武家諸法度（寛永令）（参勤交代の制度がわかるもの）　⑥大名行列図

1 空欄Xに入る文を資料から読み取り答えたものとして適切なものを選びましょう。
　①武士もいます。理由は，参勤交代の制度により，多くの武士が江戸に入ったためです。

2 空欄Yに入る言葉を選び，どうして江戸時代の日本橋ではそのような販売方法が多く見ら
れたのか，材料，客層に着目して説明しましょう。（選択肢は省略。）

3 日本橋周辺にはお店，芝居小屋，高札などもでき，栄えました。日本橋周辺が栄えた理由
を，制度が社会に与えた影響から考えて説明しましょう。

5　解答例　（以下の文などを含む選択問題にすることも考えられる。）

1 （選択肢の作成については左ページ参照。上には，例のみ示した。）
2 屋台販売。五街道や航路などから食材が集まり，多くの武士が江戸に集まったため，屋台販売が多く
見られた。
3 参勤交代の制度により江戸に集まった武士は消費階級であり，生活を支えるための商人や職人が地方
から江戸に集まり，日本橋界隈は商業・交通・情報・文化の中心として栄えた。

（岩渕　公輔）

事 例　**2** 歴史的分野

6

C　近現代の日本と世界
(1)　近代の日本と世界

社会的事象と時代背景の関係を考察する問題
―人々への広め方（広告など）から考える―

1　評価規準

[知・技]・明治時代と大正時代の人々の生活の特徴を理解している。
　　　　・資料から必要な情報を読み取っている。
[思・判・表] 社会的事象の背景を考えている。

2　問題作成にあたって

　本問題は，「食」を事例にその商品の開発や広告などから時代背景を考察することを通して，明治時代と大正時代の人々の生活の特徴についての理解を確認します。題材として，「あんパン」「カルピス」「森永製菓のミルクチョコレート」としていますが，他の題材を追加して各時代像がとらえられているかを評価する問題も考えられます。

　1では，技能の問題として，資料から「あんパン」が生まれた背景と年表を活用して，いつ誕生したのか時期を確認するものです。**2**では，思考の問題として，「森永製菓のミルクチョコレート」の広告から，その背景である社会的事象（女性の社会進出など）を考察する問題です。**3**では，知識の問題として，時代の特徴を理解しているかを問う問題です。解答例のみ示しましたが，選択肢として他の時代の記述を入れる，または解答例の記述ではなく，当時の生活以外を問う問題と選択肢を作成して，生徒の認識を確認することも考えられます。

3　評価の基準

1【技能】正解なら b
2【思考】時代背景として，女性の職場進出や地位向上など女性の社会進出を踏まえて説明できている　 a
3【知識】正解なら b

第3章 実例でよくわかる！ペーパーテストによる「知識・技能」と「思考・判断・表現」をむすびつけた評価の事例

4 問題例

次の会話文を読んで，あとの問いに答えましょう。

1867年	大政奉還　王政復古の大号令
1868年	五箇条の御誓文
	元号が明治となる
	新政府は，近代化のために
	さまざまな改革を進めた。
1873年	徴兵令　地租改正
1889年	大日本帝国憲法
1894年	日清戦争（翌年に下関条約）
1901年	八幡製鉄所で生産開始
1912年	第一次護憲運動が始まる
1914年	第一次世界大戦（→大戦景気）
1920年	国際連盟に加盟　第1回メーデー
	新婦人協会の設立
1924年	第二次護憲運動
1925年	普通選挙法の公布
1931年	満州事変

生徒A：私たちの班は，近代について現在につながる「食」をテーマに調べ学習を行いました。
生徒B：右の年表に明治・大正・昭和時代を整理しました。
教師　：食べ物が作られた理由や広まった理由には，当時の時代背景が関わっていますね。
生徒B：いくつかの「食」が作られた時期と人々への広まりを調べました。
生徒A：　(あ)　は年表のXの時期に作られました。
生徒B：　(い)　は年表のYの時期に作られました。
この時期には，「職業婦人」とよばれる女性の職場進出がありました。調べると，右のカードのような人数の変化がわかりました。

〈職業婦人の数〉
1920年：35万人
1940年：175万人
（紙幅の関係で文字資料としたが，広告を示して読み取らせたい）

〈あんパンの誕生〉
ある元武士がパンの販売に挑戦したそうです。しかし，西洋式のパンは，日本人の味覚に合わず売れませんでした。そこで，和と洋を結び付けたあんパンが生み出されました。形は西洋，心は日本というあんパンは，近代化・西洋化を身をもって進めようとしている天皇にふさわしい食べ物として献上され，世間に広まり，人気となりました。

〈カルピス〉
発売当初は化粧箱入りでした。女性美を象徴するミロのビーナスが描かれ，新聞広告では「初恋の味」のキャッチフレーズで人々に広がりました。

〈森永製菓のミルクチョコレート〉
日本初のチョコレート一貫製造による国産ミルクチョコレートです。雑誌広告には，女性の地位向上と商品の栄養価を結び付けたものも掲載されました。

1 あんパンは，空欄(あ)と(い)のどちらに入るのか，記号で答えましょう。

2 広告にはその時代背景が関わるものが多くあります。「森永製菓のミルクチョコレート」は年表中のXとYどちらの時期に売り始めたのでしょうか，また選んだ理由を説明しましょう。

3 年表中のXとYの時代の生活について述べたものをそれぞれ選びましょう。
①欧米の文化を取り入れました。欧米風の建物や牛肉を食べることが広がるなど食生活の変化も始まりました。
②経済成長を背景として新聞や雑誌などの発行部数が伸び，大衆文化の発展が見られました。

5 解答例

1 (あ)　**2** Y。この時期は職業婦人が増加し，女性の社会進出を物語る広告であるから。
3 X：①　Y：②

（岩渕　公輔）

095

事例 **2** 歴史的分野

7

C 近現代の日本と世界
(2) 現代の日本と世界

時代の変化を分析する評価問題
―羽田空港の役割の変化を事例に―

1 評価規準

> 知・技 ・現代における日本社会の変化を理解している。
> ・資料から必要な情報を読み取っている。
> 思・判・表 事象の変化の要因について考察している。

2 問題作成にあたって

　本問題は，戦後から現代における日本社会の変化について，複数の資料を活用し，授業で獲得した概念的知識の深まりを確認するものです。また，授業において，日本の国際社会への復帰，日本の経済の発展とグローバル化する世界を扱っていることを前提に，そこで獲得した知識を活用して考察するものです。**1**では，資料からの読み取りで事実確認を行います。**2**では，読み取った事実の理由について，資料を活用して当時の日本の状況と結び付けて考察します。**3**では，羽田空港の役割の変化の要因（背景）について当時の社会の変化と結び付けて考察することを通して，社会状況の変化をとらえているかを確認します。1980年代以降であれば，資料から空港利用や国際線の利用者数が増加傾向にあることを読み取り，国際線ターミナルが使用開始された社会状況を理解できているかを確認できます。また，本問題は歴史的分野の最後となるので，公民的分野への接続としてグローバル化や経済との接続を図るものとしました。

3 評価の基準

1【技能】特定の人から一般客が増えたことなどの資料から読み取った記述がある　b
2【思考】主権回復や海外渡航の自由化，高度経済成長など日本社会の変化を踏まえて説明できている　b
3【知識】羽田空港の役割が変化した理由を日本社会の変化と関連付けて説明できている　b
（a評価は学問的な分析がされているなど発展的な基準を設定することも考えられる。）

第3章　実例でよくわかる！ペーパーテストによる「知識・技能」と「思考・判断・表現」をむすびつけた評価の事例

4　問題例

下の資料を参考に次の問いに答えましょう。

1 1950～70年代の羽田空港を利用した人の変化を説明しましょう。

2 1950～70年代に利用客が増えた理由を，当時の日本の状況を踏まえて説明しましょう。

3 羽田空港の役割はどのように変化していますか。また，変化の理由を時代の変化から説明しましょう。

（羽田空港HPを参考に，出題者作成）

〈日本の現代の主な出来事年表〉
1945年　連合国軍の日本占領
1951年　サンフランシスコ平和条約
1955～73年　高度経済成長
1956年　日ソ共同宣言
　　　　国際連合に加盟
1964年　東京オリンピック
1965年　日韓基本条約
1972年　沖縄が日本に復帰
　　　　日中共同声明
1975年　第1回先進国首脳会議に参加
1978年　日中平和友好条約

年代	羽田空港の歴史	備考	主な対象
1950年代	連合国軍から日本へ返還。		特定の日本人・外国人（国内線・国際線）
1960年代	「ジェット機の登場」と「海外渡航の自由化」によって，飛行機を利用する人が大幅に増えた。	日本人の海外渡航が自由化。首都高速道路，東京モノレール開通：都心からのアクセスが良くなる。展望遊園場（お子様遊園地）があり，家族連れでにぎわう。	日本人・外国人（国内線・国際線）
1970年代	ジャンボジェット機が降り立ったのは，1970年。それ以降始まった大量高速輸送時代に対応するために，さらにターミナルを拡張，整備。	到着客のため，ホテル予約サービスを開始。売店の売上が急増＝国内線航空の利用者が増え，都心で買い物する手間がはぶけるというメリットが知られた。	日本人・外国人（国内線・国際線）
1980年代	国際線の成田移転。国内線需要は増え続けターミナルの再整備工事。	日本の発展と国際的地位の向上により，国賓・公賓の往来が増えた。羽田は首都空港として機能。	日本人（国内線）国際線はほぼ成田空港へ。
1990年代	飛行機の発着回数が17万回超。その混雑緩和のため，西旅客ターミナルビルを開館。		日本人（国内線）
2000年代～	2004年第2旅客ターミナルビル，2010年国際線ターミナルが使用開始となり，現在の羽田空港になった。2014年には国際空港評価で「5スターエアポート」を獲得。	急速に進む国際化にあわせた取り組みを行う。	日本人・外国人（国内線・国際線）第1・2ターミナル：日本人国際線ターミナル：日本人＋外国人

羽田空港の歴史

（国土交通省HP「羽田空港のこれから」より）

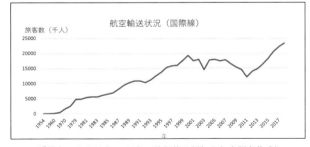

（『数字でみる日本の100年　改訂第7版』より出題者作成）

5　解答例

1 1950年代：特定の人　1960～70年代：より多くの日本人・外国人

2 日本が主権回復し海外渡航が自由化されたこと，高度経済成長による余暇として家族連れが訪れたこと，東京オリンピックにより多くの人が利用したことが理由です。

（岩渕　公輔）

事例 **3** 公民的分野

1

A 私たちと現代社会
(1) 私たちが生きる現代社会と文化の特色

社会的事象の見方・考え方

1 評価規準

> 知・技 ・現代日本の特色として少子高齢化，情報化，グローバル化などが見られること
> について理解している。
> ・現代社会における文化の意義や影響について理解している。
> 思・判・表 ・少子高齢化，情報化，グローバル化などが現在と将来の政治，経済，国際
> 関係に与える影響について多面的・多角的に考察し，表現している。
> ・文化の継承と創造の意義について多面的・多角的に考察し，表現している。

2 問題作成にあたって

　この中項目は，現代社会の特色や，現代社会における文化の意義や影響を理解できるように
し，以後の政治，経済，国際社会の学習の導入とすることをねらいとしています。そのため，
知識を問う問題はもちろん，現代社会の見方・考え方を働かせて，資料から情報を読み取った
り，知識・技能を活用したりしながら答えを導く問題を作成します。**2****4**は現代社会の特色が
理解できているかを問う問題です。**1**は，授業で理解した知識を用いて，資料から情報を適切
に読み取り，答えを導き出せているか，**3**は，ICT 活用の利点を理解した上で，気を付けるべ
きことについて多面的・多角的に考察し表現しているかを見取る問題としました。

3 評価の基準

正答数により，以下の基準で評価する。
【知・技】**2****4**が全て正解だった場合　a，どちらか1問正解だった場合　b，全て不正解だ
った場合　c
【思・判・表】**1****3**が全て正解だった場合　a，どちらか1問正解だった場合　b，全て不正
解だった場合　c

第3章　実例でよくわかる！ペーパーテストによる「知識・技能」と「思考・判断・表現」をむすびつけた評価の事例

4　問題例

1 右の資料1は，セミナーの案内の見出しです。この内容に関連が深い現代社会の課題を次のア～ウから1つ選び，記号で書きなさい。

> 人生100年時代　地域でイキイキ！
> 60歳からの働き方セミナー　開催
>
> 資料1

　　ア　グローバル化　　イ　少子高齢化　　ウ　情報化

2 次の文章の（　　）にあてはまる語句を書きなさい。

　私たちの暮らしは世界とつながり，商品の輸出入が簡単にできるようになりました。そのため，各国の工場で分担して製造し生産コストをおさえる国際（　　）が行われています。

3 ICT（情報通信技術）を活用することで，どのような利点がありますか。また，私たちはどのようなことに気を付けなければいけないでしょうか。1つずつ挙げなさい。

4 私たちの生活には，文化が大きな影響を与えています。生活するなかで，文化に影響を与えている行事や儀式はどんなものがありますか。1つ挙げなさい。

5　解答例

1 イ

2 分業

3（例）利点：オンラインショッピングで買い物，SNSで世界中の人と交流できる，遠隔医療が可能になった，災害時の防災情報の発信による被害の予防，電子マネーにより現金を持たなくても買い物ができる，など

　　　　気を付けること：個人情報の流出，インターネットを活用した詐欺やトラブル，悪質な書き込みをしない，など

（授業で考えた具体的な内容が記入できていれば正解とする）

4（例）地域のお祭り，節分，ひな祭り，七夕など

（授業で学んだ年中行事や地域のお祭り，行事について記入できていれば正解とする）

（塚越　清香）

事例 **3** 公民的分野

2

A 私たちと現代社会

(2) 現代社会を捉える枠組み

社会生活における決定の仕方

1 評価規準

知・技 ・現代社会の見方・考え方の基礎となる枠組みとして，対立と合意，効率と公正
などについて理解している。

・人間は本来社会的存在であることを基に，個人の尊厳と両性の本質的平等，契
約の重要性やそれを守ることの意義及び個人の責任について理解している。

思・判・表 社会生活における物事の決定の仕方，契約を通した個人と社会との関係，き
まりの役割について多面的・多角的に考察し，表現している。

---

2 問題作成にあたって

この中項目は，きまりの意義などに関する理解をもとに考察し，現代社会をとらえる際に働
かせる概念的な枠組みの基礎として対立と合意，効率と公正などについて理解させるようにす
るとともに，これからの公民的分野の学習で扱う現代の社会的事象についての関心を高め，課
題を意欲的に追究する態度を育成することを主なねらいとしています。**1 2**ではトラブルの解
決，効率と公正や物事の決め方の長所・短所が理解できているかを問います。**3**ではきまりの
必要性について，交通ルールの事例から私たちの権利を守っているものできまりを守る責任が
生じることについて，多面的・多角的に考察できているかを見取ります。

3 評価の基準

正答数により，以下の基準で評価する。
【知・技】**1 2**が全て正解だった場合　a，どちらか1問正解だった場合　b，全て不正解だっ
た場合　c
【思・判・表】**3**が正解だった場合　b，不正解だった場合　c

第3章　実例でよくわかる！ペーパーテストによる「知識・技能」と「思考・判断・表現」をむすびつけた評価の事例

4　問題例

1 次の文章中（　①　）と（　②　）に当てはまる語句を書きましょう。

対立から合意に向けて，お互いの立場を尊重しながら具体的なルールをつくっていく際には，（　①　）と（　②　）という考え方が必要です。（　①　）とは，時間，手続き，費用などの面で無駄のないルールになっているかということで，（　②　）とは，話し合った結果が一部の人の不利益になっていないかどうかに加え，みんなが参加して決められているかという，話し合いの手続きの（　②　）さも求められます。

2 きまりをつくるときの物事の決め方について，その長所と短所をまとめた下の表中の（X）にあてはまる内容を，次のア〜エから1つ選び，記号で書きなさい。

決定の方法	長　所	短　所
全員で話し合い	みんなの意見が反映される	
代表者の話し合い	（　X　）	
一人で決定		みんなの意見が反映されない

ア　決定に時間がかからない

イ　みんなの意見がある程度反映される

ウ　決定に時間がかかることがある

エ　みんなの意見が反映されないことがある

3 私たちの身近には，様々なきまりがあります。そのきまりは，なぜ必要なのでしょうか。交通ルールを例に，責任，義務についても考察しながら，簡潔に書きなさい。

5　解答例

1 ①効率　②公正

2 イ

3 （例）交通ルールは私たちの命を守るためにつくられているからこそ，私たちは交通ルールを守る責任や義務が生じる。

（塚越　清香）

地理的分野

歴史的分野

公民的分野

101

事例 3 公民的分野

3

B 私たちと経済
(1) 市場の働きと経済

身近な消費生活を題材にした
経済学習に関するペーパーテスト

1　評価規準

知・技 身近な消費生活を中心とした経済活動の意義と，市場経済の基本的な考え方について理解している。

思・判・表 対立と合意，効率と公正，分業と交換，希少性などに着目して，個人や企業の経済活動における役割と責任について多面的・多角的に考察し，表現している。

2　問題作成にあたって

　生徒にとって身近に感じながら学習を進めることができる内容の１つが，経済活動を取り上げた題材です。市場経済や金融，労働に関わる知識について評価する問題も重要ですが，本事例では経済活動の意義と市場経済の基本的な考え方を合わせたペーパーテストを作成しました。

　問題作成上の留意点は，①情報通信技術に関わりのある題材を活用する，②分業と交換，希少性といった経済についての見方・考え方に着目する，③複数の資料を用いて事実的・記述的知識を評価する記述問題を設定する，の３点です。1 2 は「知識・技能」，3 4 は「思考・判断・表現」に重きを置いた問題になっています。経済学習のペーパーテストの場合，身近な消費生活をより高く意識した内容に構成することが望まれると考えます。

3　評価の基準

正答数と観点別の重きにより，以下の基準で評価する。
（４問中）３問以上正解だった場合　　a
　　　　　　１，２問正解だった場合（「思考・判断・表現」が１問正解を条件とする）　　b
　　　　　　「知識・技能」のみ１問または２問正解や４問とも不正解だった場合　　c

4　問題例

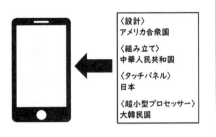

資料1　スマートフォン生産の役割　　　資料2　ある会社の売上高と営業利益

1　私たちが手にするスマートフォンは，各国で得意な分野を生かして生産されています。資料1のような生産の役割のことを何と言いますか。

2　情報通信技術の発達によって，小売業の売上額も大きく変化してきました。コンビニエンスストアに次いで，売上を伸ばしている小売業は何ですか。漢字4字で書きましょう。

3　資料2のような，売上高が高いのにもかかわらず，営業利益が上がっていない会社があったとします。資料2の矢印とイラストの意味を考えて，その理由を説明しましょう。

4　資料3のように，商品を購入するとき，あなたの場合どちらを選択しますか。A・Bのなかから1つ選び，選択した理由を〔希少性〕の視点から説明しましょう。

資料3　商品を購入するときの基準

5　解答例

1　分業　　2　通信販売
3　営業利益が低いのは，売上高の大半を，技術革新をもたらす研究費に充てているから。
4　Aの場合＝お金をたくさん持っていないため，商品を安く購入できるお店を利用します。
　Bの場合＝なかなかお店に行く時間がないため，お金がかかっても宅配便を利用します。

（松村　謙一）

事 例

4

③ 公民的分野

B 私たちと経済

(2) 国民の生活と政府の役割

「効率と公正」に着目した
租税学習に関するペーパーテスト

1 評価規準

> 知・技 財政及び租税の意義と，少子高齢社会における社会保障の充実・安定化などの意
> 義について理解している。
> 思・判・表 対立と合意，効率と公正，分業と交換，希少性などに着目して，財政及び租
> 税の役割について多面的・多角的に考察，構想し，表現している。

2 問題作成にあたって

2010年代に入り，我が国の累積債務は1000兆円を超えています。言い換えれば，我が国の
GDP の２倍を超える借金になっていることを示しており，これは主要先進国のなかで最も高
い水準です。このような状況のなか，財政の役割を考えていくためには，世代内だけでなく世
代間の公正さに着目することが重要だと考え，大きな政府と小さな政府の政策について価値判
断させるペーパーテストを作成しました。

問題作成上の留意点は，①財源確保のための租税の種類を確認する，②効率と公正の視点に
着目した題材を作成する，の２点です。**1** **2** は「知識・技能」，**3** は「思考・判断・表現」に重
きを置いた問題となっています。また，多面的・多角的に考察させるための工夫として，四象
限のチャートを活用した価値判断の問題を設定するようにしました。

3 評価の基準

正答数と観点別の重きにより，以下の基準で評価する。
（３問中）３問正解だった場合　a
　　　　　１問または２問正解だった場合（「思考・判断・表現」が１問正解を条件とする）　b
　　　　　「知識・技能」のみ１問または２問正解または３問とも不正解だった場合　c

4 問題例

〈社会の状況〉
　日本の借金は1,000兆円を超えています。そして、現在の老年人口比率が28.5%で、社会保障と租税に関わる国民負担率は主要先進国と比べ低い44.6%という状況です。2050年には「65歳以上の老人1人」につき「生産年齢人口の1.3人」が支えることが予想されており、今後の社会保障のあり方が問われています。

党の名前	A党	B党
目指す社会	アメリカ合衆国のように、自分の生活は自分で守る社会にしていきます！	スウェーデンのように、少子化対策を強化し、子育て支援の充実をしていきます！
公　約	病院代は【　X　】するようにします！	病院代は【　Y　】するようにします！
財　源	消費税の負担を軽くします！	消費税を負担を重くします！

資料1　政党による政策のちがい

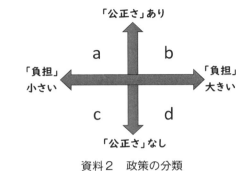

資料2　政策の分類

1 公正な税負担を考えるとき、「①収入に関係なく、同じ税率を負担する考え方」と「②税の支払い能力に応じて負担する考え方」があります。次のア～エを①と②に分類し、その記号を書きましょう。
　ア　相続税　　イ　消費税　　ウ　所得税　　エ　関税

2 資料1のようなA党とB党のちがいを考えたとき、それぞれの党の公約にはどんな政策が書かれますか。【　X　】と【　Y　】に当てはまる内容を書きましょう。（完答）

3 社会の状況を踏まえて、あなたはA党とB党のどちらの政党を支持しますか。政党を選んだ理由を〔公正〕の視点から説明するとともに、あなたが支持する政党の特徴を、資料2のa～dから1つ選び、その記号を書きましょう。（完答）

5 解答例

1 ①＝イとエ　②＝アとウ

2 【　X　】＝全額自己負担　【　Y　】＝税金でまかなう

3 A党＝選択はc／社会保障に関する公正さはありませんが、将来の生産年齢人口に頼らず、個人の責任で自由に生活することが大切だと考えたからです。
　B党＝選択はb／社会保障に関する公正さは必要不可欠で、社会全体で助け合っていくためには、消費税の負担を重くする必要があると考えたからです。

（松村　謙一）

事例 **3** 公民的分野

5

C　私たちと政治
(1)　人間の尊重と日本国憲法の基本的原則

民主主義と個人の尊重

1　評価規準

知・技 日本国憲法の基本原則が基本的人権の尊重であることを理解している。
思・判・表 日本の政治が日本国憲法に基づいて行われていることの意義について多面
　的・多角的に考察し，表現している。

2　問題作成にあたって

　この中項目は，民主社会において全ての人間に保障されるべき基本的人権の考え方を深め，
人権を守り社会生活を営む規範となる法に基づく政治が大切であることを理解するとともに，
日本国憲法の基本的な考え方及び我が国の政治が日本国憲法に基づいて行われていることの意
義について理解を深めることができるようにすることがねらいです。**1 2 3** は，日本の政治が
日本国憲法に基づいて行われていること、基本的人権が理解できているかを見取り，**4** は日本
国憲法の基本的原則はもちろん，自由・権利と責任・義務との関係を社会生活の基本として広
い視野から，考察，表現しているかを見取ります。

3　評価の基準

正答数により，以下の基準で評価する。
【知・技】**1 2 3** が3問正解だった場合　a，2問正解だった場合　b，1問のみ正解または
全問不正解だった場合　c
【思・判・表】**4** が正解だった場合　b，**4** が不正解だった場合　c

4 問題例

1 日本の政治を表しているのは，右の図1と図2のどちらでしょうか。

2 右の図3は，日本国憲法の三原則のうち，何を表しているでしょうか。

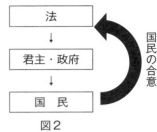

図1　図2

3 基本的人権について述べた文として，その正誤の組み合わせが正しいものを次のア～エから1つ選び，記号を書きなさい。

> X　誰もが人間らしい生活を求めるための権利を社会権とよんでいる。
> Y　日本国憲法では法の下の平等を掲げ，誰もが等しく扱われる権利を保障している。
> Z　居住・移転・職業選択の自由は精神活動の自由である。

ア　X 正　　Y 正　　Z 誤
イ　X 正　　Y 誤　　Z 正
ウ　X 誤　　Y 正　　Z 誤
エ　X 誤　　Y 誤　　Z 正

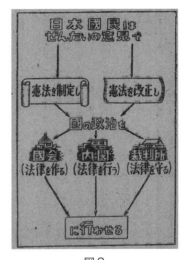

図3

4 なぜ私たちの権利は「公共の福祉」によって制限されるのでしょうか。その理由を「責任」という語句を使って書きなさい。

5 解答例

1 図2

2 国民主権

3 ア

4（例）私たちは社会の一員であり，自分の権利を主張するだけでなく，他人の権利を尊重する責任があるから。

（塚越　清香）

事例

6

事例 **3** 公民的分野

C 私たちと政治
(2) 民主政治と政治参加

主権者を意識した問題作成

1 評価規準

> 知・技 ・国会を中心とする我が国の民主政治の仕組みのあらまし，議会制民主主義の意
> 義や多数決の原理とその運用の在り方について理解している。
> ・地方自治の基本的な考え方や，地方公共団体の政治の仕組み，住民の権利や義
> 務について理解している。
> 思・判・表 対立と合意，効率と公正，個人の尊重と法の支配，民主主義などに着目して，
> 民主政治の推進と，公正な世論の形成や選挙など国民の政治参加との関連について多面
> 的・多角的に考察，構想し，表現している。

2 問題作成にあたって

　この中項目は，民主政治の推進と，公正な世論の形成や選挙などの国民の政治参加など主権
者としての政治参加の在り方について考察し，地方自治や我が国の民主政治の発展に寄与しよ
うとする自覚や住民としての自治意識の基礎を育成することを主なねらいとしています。**1**
2 **3** については，我が国の民主政治のしくみ等について理解しているかどうかを見取り，**4** で
は主権者として国民が政治に参加し，政治権力がバランスよく運営され，国民の自由や権利が
保障されることについて理解していることを自分の言葉で表現できるようにしました。

3 評価の基準

正答数により，以下の基準で評価する。
【知・技】**1** **2** **3** で3問全て正解だった場合　a，2，3問正解だった場合　b，1問のみ正
解または全て不正解だった場合　c
【思・判・表】**4** の2問全て正解だった場合　b，1問のみまたは全て不正解だった場合　c

108

4 問題例

1 議院内閣制の場合，議会で議員の過半数からなる安定した多数派を形成した与党は，内閣を組織する権利を獲得しますが，この権利を何といいますか。

2 右の資料の□□□にあてはまる語句を，次のア～エから1つ選び，その記号を書きなさい。
ア　委員会
イ　公聴会
ウ　本会議
エ　閣議

　　　食品ロスの削減の推進に関する法律　令和元年5月31日公布
第11条
〔基本方針〕政府は，食品ロスの削減に関する施策の総合的な推進を図るため，食品ロスの削減の推進に関する基本的な方針（以下「基本方針」という。）を定めなければならない。
〜略〜
3　内閣総理大臣は，基本方針の案につき□□□の決定を求めなければならない。
4　内閣総理大臣は，前項の規定による□□□の決定があったときは，遅滞なく，基本方針を公表しなければならない。

3 地方自治では，住民自治の原則から国の政治に比べて，住民により多くの権利が保障されています。条約の制定や改廃，首長や地方議員の解職等を求める権利を何といいますか。

4 右下の図を見て，次の文中の□①□，□②□に当てはまる文章を簡潔に書きなさい。
三権が互いに抑制し合い均衡を保つことで，□　①　□を防ぎ，□　②　□が保障される。

5 解答例

1 政権
2 エ
3 直接請求権
4 ①権力の行きすぎ
　　②国民の自由と権利

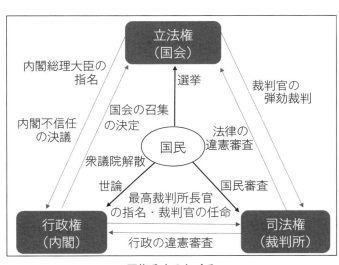

三権分立のしくみ

（塚越　清香）

事例　3 公民的分野

7

D　私たちと国際社会の諸課題
(1) 世界平和と人類の福祉の増大

意思決定の授業場面を想定した
地球環境問題に関するペーパーテスト

1　評価規準

|知・技| 地球環境，資源・エネルギー，貧困などの現代社会に見られる諸課題の解決のために経済的，技術的な協力などが大切であることを理解している。

|思・判・表| 対立と合意，効率と公正，協調，持続可能性などに着目して，国家間の相互の主権の尊重と協力，各国民の相互理解及び国際連合をはじめとする国際機構などの役割について多面的・多角的に考察，構想し，表現している。

2　問題作成にあたって

　産業革命以降，先進国では，様々な地球環境問題を引き起こしてきました。社会科の教科書で地球環境問題を取り上げられる場合，多くの教科書は大気系の内容を扱う傾向にあります。そこで本事例では，温室効果ガスを取り上げ，協調に着目したペーパーテストを作成しました。
　問題作成上の留意点は，①地球環境問題と向き合う人類の歴史を確認する，②パリ協定以降の国際社会で求められる地球環境問題のとらえ方を確認する，の2点です。**1 2**は「知識・技能」，**3 4**は「思考・判断・表現」に重きを置いた問題となっています。また，多面的・多角的に考察させるための工夫として，意思決定を想定した授業場面を設定しました。

3　評価の基準

正答数と観点別の重きにより，以下の基準で評価する。
（4問中）3問以上正解だった場合　　a
　　　　　2，3問正解だった場合（「思考・判断・表現」が1問正解を条件とする）　b
　　　　　「知識・技能」のみ1問または2問正解や4問とも不正解だった場合　c

4 問題例

下の図は「地球環境問題の行方」の授業の板書です。次の1〜4に答えましょう。

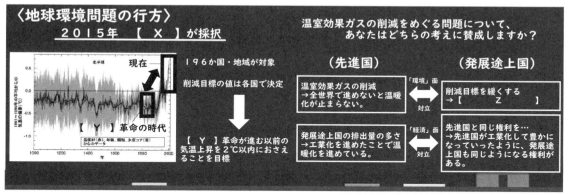

（グラフの出典：気候変動に関する政府間パネル（IPCC）『第3次評価報告書』2001年）

1 次のア〜エが古い順になるように並び替え，記号で答えましょう。
　ア　京都市で，先進国に温室効果ガスの排出量の削減を義務付けた京都議定書が採択された。
　イ　ヨハネスバーグで，地球環境問題と南北問題について話し合われた。
　ウ　リオデジャネイロで，気候変動枠組条約と生物多様性条約が採択された。
　エ　ストックホルムで，地球を守るために国際社会が協力することが決められた。

2 【 X 】と【 Y 】に当てはまる言葉を書きましょう。（完答）

3 【 Z 】の中に当てはまる内容を書きましょう。

4 「経済」面の内容を参考にして，先進国と発展途上国が合意するためには，どのような解決策があると考えられますか。〔協調〕の視点から説明しましょう。

5 解答例

1 エ（1972年）→ウ（1992年）→ア（1997年）→イ（2002年）
2 【 X 】＝パリ協定　【 Y 】＝産業　（完答）
3 産業革命の時代から温室効果ガスを排出してきた先進国と同じような値にはできない。
4 先進国がNGOと連携し，環境問題に配慮した経済支援をしていくことが考えられます。

（松村　謙一）

事例 ❸ 公民的分野

8

D 私たちと国際社会の諸課題
(2) よりよい社会を目指して

社会的な見方・考え方を働かせた SDGs に関するペーパーテスト

1 評価規準

| 思・判・表 | 社会的な見方・考え方を働かせ，私たちがよりよい社会を築いていくために解決すべき課題を多面的・多角的に考察，構想し，自分の考えを説明，論述している。

2 問題作成にあたって

　本単元は，評価規準が思考・判断・表現のみに設定されており，3年間学習してきた成果をまとめていくことを目的にしています。3分野における見方・考え方を総動員させながら，ノートやレポートに整理させたり，整理させたものをポスターセッションやレポート発表などの学習活動を行わせたりして，思考・判断・表現の評価をしていきます。ペーパーテストの場合，与えられた課題を多面的・多角的に考察し，自分の考えを説明していくことが求められます。

　問題作成上の留意点は，①生徒にとって現実的な場面を設定する（ノートやレポートの作成など），②3分野の見方・考え方を問う形式にする（本事例では空間的相互依存作用，推移，持続可能性の視点），③持続可能な開発目標（SDGs）を取り入れた内容にする，の3点が挙げられます。もし上記③をペーパーテストに取り入れるのであれば，前単元までにSDGsに関係した学習内容を実践しておくことが望ましいと言えます。

3 評価の基準

正答数により，以下の基準で評価する。
（3問中）3問正解だった場合　a
　　　　　1，2問正解だった場合　b
　　　　　3問とも不正解だった場合　c

4 問題例

Aさんは,「脱プラスチックの社会に向けて」というテーマでレポートを書いています。次の資料をもとにして, 1～3に答えましょう。

探究のテーマ 「脱プラスチックの社会に向けて」

【テーマ設定の理由】
　私たちの生活と持続可能な社会とのつながりを考えたとき,一番考えやすい身近なものは「プラスチック製品」でした。そこで,SDGsの12番目の目標(つくる責任 つかう責任)に着目し,脱プラスチックに関わる日本の現状と私たちにできることを考察しました。

【探究の内容】
　２０１７年時点で,日本のプラスチックごみの総量は９０３万トンで,そのうち海外への輸出は15％ありました。右上のグラフは,5年間の日本の廃プラスチックの輸出量を示したものです。輸出国の視点から読み取れることは,【　Ｘ　】。また,推移の視点から読み取れることは,【　Ｙ　】。以上のことを踏まえ,私たちができることを提案したいと思います。

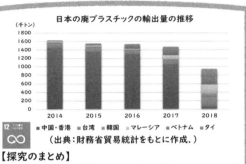

【探究のまとめ】
　近年,「エシカル消費」の取り組みが注目され,その内容は家庭科でも学習しました。「エイきょうを　シっかりと　かんがエル」という理念のもと,これからの私たちはどういった取り組みを行い続けることができるのでしょうか。身近なことを例にすると,【　Ｚ　】ような取り組みが考えられます。

1 【　Ｘ　】に当てはまる内容を書きましょう。

2 【　Ｙ　】に当てはまる内容を書きましょう。

3 〔持続可能性〕の視点から【　Ｚ　】に当てはまる内容を書きましょう。

5 解答例

1 2017年までは輸出先のシェアの大半を中国・香港が占めていましたが,2018年からは台湾や東南アジアの国々にかわってきています

2 日本の廃プラスチックの輸出量は,2014年から2018年にかけて減少傾向にあります

3 学校給食に出される牛乳のストローを紙製・木製にかえたり,プラスチック製のシャープペンシルを鉛筆に積極的にかえたりする

（松村　謙一）

第 **4** 章

「主体的に学習に取り組む態度」の
評価の方法と工夫

地理的分野

単元の学習を通した「生徒の学習に対する粘り強い取り組み」
「自らの学習の調整」の側面の評価方法と工夫

 学習過程を踏まえた評価方法の工夫

1 「主体的に学習に取り組む態度」の２つの側面

　「主体的に学習に取り組む態度」の評価については，「粘り強い取り組みを行おうとする側面」と「自らの学習を調整しようとする側面」の２つの側面から評価することが求められています。この２つの側面から評価するにあたり，これらは具体的にどのような状況かを考える必要があります。そこで，心理学の成果を参考に，この２つの側面を次のように整理して考えます。

　ア　粘り強い取り組みを行おうとする側面
　　①興味や関心がないことでも一生懸命取り組もうとしている。
　　②うまくいかなくてもあきらめずに取り組もうとしている。
　　③学びを生かそうとしたり学び続けようとしたりしている。
　イ　自らの学習を調整しようとする側面
　　①学ぶ目的や目標を意識し見通しをもって学ぼうとしている。
　　②見通しを見直したり学び方を改善したりしようとしている。
　　③学習過程を見直したり次の学習目標を立てたりしようとしている。

　これら２つの側面は，いずれも「～しようとする」意思的側面として示されていますが，アについては，「粘り強さ」といった行動的側面が強く，イについては認知的側面が強いのではないかと考えられます。そこで，アについては，「粘り強さ」を一生懸命さ，持続性，発展性に関わる状況，イについては，「自己調整」を，学びの見通し，見直し，振り返りに関わる状況としてとらえます。そして，これら２つの側面の①～③の学習状況は，社会科の学習過程にあてはめて考えてみると，①については学習課題を把握する段階，②については課題を追究する段階，③については課題を解決したり新たな課題を考えたりする段階での学習活動の場面で見取ることができます。このように，「主体的に学習に取り組む態度」を評価する際には，学習過程のどのような場面で，どのような側面から，どのような状況であれば，「おおむね満足できる」状況といえるかを明らかにしておく必要があります。また，アとイの２つの側面は一体的に見取ることも想定されること，「知識・技能」，「思考・判断・表現」の観点と関連付けて見取ることが考えられることに留意する必要があります。

2 地理的分野の「主体的に学習に取り組む態度」

　地理的分野における「主体的に学習に取り組む態度」を評価するにあたり，地理的分野の目標（学習指導要領）と観点の趣旨（改善等通知）を確認してみます。

〈目標(3)〉
　日本や世界の地域に関わる諸事象について，よりよい社会の実現を視野にそこで見られる課題を主体的に追究，解決しようとする態度を養うとともに，多面的・多角的な考察や深い理解を通して涵養される我が国の国土に対する愛情，世界の諸地域の多様な生活文化を尊重しようとすることの大切さについての自覚などを深める。
〈観点の趣旨〉
　日本や世界の地域に関わる諸事象について，国家及び社会の担い手として，よりよい社会の実現を視野にそこで見られる課題を主体的に追究，解決しようとしている。

　上記をみると，目標(3)には「学びに向かう力，人間性等」に関わるねらいが示されているのに対して，観点の趣旨には「主体的に学習に取り組む態度」として，観点別学習状況の評価になじまず個人内評価の対象になるものは示されていません。つまり，「主体的に学習に取り組む態度」として評価する場合には，我が国の国土に対する愛情などは対象とならないと解することができます。また，目標(3)には示されていない「国家及び社会の担い手として」が観点の趣旨に加えられていることから，目標の柱書の「国家及び社会の形成者」を踏まえ，評価の対象としていると解することができます。したがって，地理的分野における「主体的に学習に取り組む態度」の評価にあたっては，「国家及び社会の担い手として」，「よりよい社会の実現を視野に」，「課題を主体的に追究，解決しようとしている」かを見取ることになります。また，国立教育政策研究所による「『指導と評価の一体化』のための学習評価に関する参考資料」（以下，「参考資料」）の内容のまとまりごとの評価規準（例）には，「国家及び社会の担い手として」とは示されておらず，「主体的に追究，解決」については，地理的分野の最後の内容C(4)「地域の在り方」にしか示されていませんが，学習内容や学習状況に応じて評価対象としてとらえ，評価規準に設定していくことも考えられます。

　このように，地理的分野の学習において「主体的に学習に取り組む態度」を評価するにあたっては，日本や世界の地域に関わる諸事象を対象として，国家及び社会の一員としてよりよい社会を考え，そこで見られる課題を主体的に追究，解決しようとしているかを見取ることになります。実際には，課題把握，課題追究，課題解決といった学習過程を通して評価していくことになりますので後述します。

3 学習過程を踏まえた学習評価の実際

(1) 学習過程における２つの側面の評価

　小項目「世界の地域構成」を例にみていきます。「態度」の評価規準は「世界の地域構成について，日本の位置に関わる視点から問いを見出し，見通しをもって主体的に問いを追究，解決しようとしている」とします。表中の評価欄は，前述の２つの側面の学習状況を示しています。

学習過程		学習活動　※□数字は時間数	評価
1次 課題把握	動機付け	○事象と出会い，気付きや疑問から問いをつくる。 ①問い：「世界の中で日本はどこにあるのか」	ア① イ①
	方向付け	○予想から仮説を立て，追究方法を吟味し，計画を立てる。 ②「緯度や経度をもとに」「大陸や国との位置関係から」 　「地球儀や地図を活用して」「ICTを活用して」	
2次 課題追究	情報収集	○仮説の検証に向けて調べる。 ③「位置は緯度や経度で表せる」（絶対的位置） ④「位置は大陸や国との関係から表せる」（相対的位置） ⑤「位置は時間的な関係からも表せる」（時差）	ア② イ②
	考察・構想	○社会的事象の意味や意義，特色や相互の関連を考察する。 ⑥「日本は世界の中で○○な位置にある」「位置とは……」	
3次 課題解決	まとめ	○考察したことをもとに大まかな世界地図にまとめる。 ⑦「世界の中で日本はどこにあるかといえば……」	ア③ イ③
	振り返り	○考察した結果や学び方を振り返り，新たな問いを見出す。 ⑧「位置関係がわかると」「次は～しよう」「日本の中は？」	

　この学習過程における２つの側面の評価については，６つの場面を取り上げています。ア①は問いをつくり見通しをもつ場面で一生懸命取り組もうとしているか，イ①は同様の場面で学ぶ目的や目標を意識して見通しをもって取り組もうとしているかを見取ります。ア②は調べたり考察したりする場面でうまくいかなくてもあきらめずに取り組もうとしているか，イ②は同様の場面で見通しを見直したり学び方を改善したりしようとしているかを見取ります。ア③はまとめと振り返りの場面で学びを生かそうとしたり学び続けようとしたりしているか，イ③は同様の場面で学習過程を見直したり次の学習目標を立てたりしようとしているかを見取ります。また，ア③とイ③については記録に残す評価として，その他は学習改善につなげる評価として見取ります。なお，２つの側面を一体的にとらえ３つの場面で評価することも考えられます。

(2) 2つの側面の評価規準と評価方法，工夫や留意点

前述の学習過程の6つの場面をもとに，2つの側面の具体の評価規準と評価方法，工夫や留意点について取り上げます。

状況	具体の評価規準	評価方法	工夫や留意点
ア①	位置について疑問をもち，一生懸命問いを考え予想しようとしている。	・教師の行動観察 ・ノート，ワークシートの記述内容 ・振り返りシートの記述内容 ・まとめの世界地図の記述内容 ・質問紙による生徒の自己評価 ・生徒同士の相互評価等	身近な事象と結び付けて考えさせる。
イ①	日本の位置の説明を意識し，見通しをもって取り組もうとしている。		具体的な目標と計画を考えさせる。
ア②	仮説の検証や考察に向けて，あきらめずに調べ考えようとしている。		調べ方や考え方を選択させる。
イ②	学習計画を見直したり学び方を改善したりしようとしている。		問いの解決につながるか考えさせる。
ア③	結論を踏まえて，学びを生かそうとしたり学び続けようとしたりしている。		学びを生活に結び付けて考えさせる。
イ③	学習過程を見直したり次の学習目標を立てたりしようとしている。		学びの過程を順番に振り返らせる。

ここでの6つの場面の具体の評価規準は，国立教育政策研究所による「参考資料」で示された評価規準（例）を，より具体的に学習過程に位置付けて示しています。日頃の授業においては，過度な負担にならない程度に，このような評価規準を各学校で設定し，評価していくことが大切です。さらに，記録に残す評価として学習状況を見取る際には，おおむね満足できる状況か，十分満足できる状況かについて，評価基準を明確にしておく必要があり，「十分」といえる状況を文章化しておくことが大切です。例えば，ア③については，まとめの世界地図と振り返りシートの記述から，「位置の概念をとらえて」「より具体的場面を例示して」「自分の生活と社会との関わりから」といった基準を設定し，その内容を見取ることができれば，十分満足できる状況と判断します。評価方法については，上記のものを効果的に組み合わせて評価することが大切です。また，学習改善につなげる評価方法として重視したいのが教師による行動観察です。社会的事象と出会って問いをもつことができているか，問いを追究，解決するための見通しをもっているか，追究，考察する方法やまとめ方がわかっているかといった視点を，教師は常にもっている必要があります。これにより，子どもたち自身が学びを自己調整できるようになり，自律した学習者として，学びに向かう力を身に付けていくことができると考えます。

（鈴木　正博）

歴史的分野

単元の学習を通した「生徒の学習に対する粘り強い取り組み」
「自らの学習の調整」の側面の評価方法と工夫

2 単元の問いを振り返る活動を設定しよう

1 新観点「主体的に学習に取り組む態度」のとらえ方

(1) 主体的に学習に取り組む態度とは？

　この新観点は独立した観点として評価しなければなりませんが，知識・技能，思考・判断・表現という他2観点の評価と関連付くことが想定されます。それは，どれだけ生徒が一生懸命に授業や課題に取り組んでいたとしても，知識及び技能の獲得や思考力，判断力，表現力等を身に付ける学習の取り組みの結果，知識及び技能の定着度がワークシート等の記述の情報量や文章構成にも影響をもたらすためです。さらに，主体的に学習に取り組む態度は，学年進行にしたがって成長するものであると考えられます。学習には前のめりで取り組めるけれど，知識や技能の獲得にはつながらないような場合は，1年生ではA評価をつけても，同じ基準では3年生でA評価がつくことは考えにくいでしょう。したがって，生徒自身の主体性に任せたり，その意気込みだけを評価したりするのではなく，適切な形成的評価を行って生徒の学習をマネジメントし，適切な学習を展開させることが大切になります。

(2) 評価のポイント

①主体的に学習に取り組む態度を構成するとされる「粘り強く取り組む力」と「学習調整力」のうち，授業で比較的指導しやすく評価もしやすいのは学習調整力であり，それは見通しと振り返りの学習活動から評価することができる。

②観点の評価は単元ごとに実施する。記録に残る評価をするためには，生徒自身が学習活動の中で自らの成長を理解し，把握できる学習活動の機会を設けることが大切になる。ワークシート等を用い，学習活動と形成的評価が視覚化できるような工夫を行う。

③主体的に学習に取り組む態度の評価は，「知識・技能」や「思考・判断・表現」という他2つの観点の達成度と連関し，学年進行に基づいて評価基準を見直す必要がある。

　歴史的分野では，小学校卒業から間もない時期から既有知識を活用して単元を貫く問いに対する見通し（予測）を立て，学習を展開できるという強みがあります。単元を貫く問いづくりやその見通しを設定する際も，小学校での既習事項を活用させていきたいです。

第4章 「主体的に学習に取り組む態度」の評価の方法と工夫

2　具体的な取り組み

(1)　学習調整力を生徒に使わせる機会はどのように設定するか？

　p.123にあるようなワークシートを用いることで，毎時間の振り返りを学習活動として位置付けます。単元を貫く問いを設定した段階で，その単元を貫く問いに対する「見通し」を考えさせます。この見通しは単元を貫く問いに対する「予想」であり，既有知識と教科書の記載内容を手がかりにして設定させます。次に，毎時間の学習内容を受けて，自らの「見通し」の確からしさを検討し，見通しが正しかったか，新たな情報を受けて修正の必要があるかなどを考察します。単元の学習では，直接単元を貫く問いやその「見通し」に関連付かない学習内容を取り扱うこともありますが，「見通し」の検討を行う機会を常に設けていることで，学習内容を積極的に単元を貫く問いや「見通し」に位置付けようとする姿も見えるようになってきます。この位置付けようとする姿は粘り強さと関連付くものととらえられるでしょう。こういった学びの姿は，ワークシートと「見通し」の存在によって見えるようになります。

(2)　見通しに対する教員の指導はどのように行うか？

　単元の学習が進行している段階では，できる範囲でできる限りの形成的評価を実施します。この形成的評価は，例えば「今日の授業を受けて，○○ということがわかった」と書いた生徒に対して，「○○というキーワードと自分の見通しの関係性を明示しよう」と伝え，授業内での（知識及び技能の習得につながる）キーワードを確認した上で，見通しの振り返りを促したりします。この点において，生徒には振り返りの文頭に「見通しは正しかった／間違っていた／△△に修正する」と書くように指示しています。これは生徒が結論から論立てして記述することを促すだけでなく，たくさんの評価物を効率よく実施するために必要となる工夫です。さらに，毎時間の確認が大変な場合も8時間単元であれば最初と中盤の2回だけは集めて確認する作業を入れるだけで，1人で振り返りを行うことが難しい生徒のフォローを行うことも可能です。また，毎回コメントを付ける生徒を10人ずつ指名して集める形もあるでしょう。

　また，ワークシートの提出や添削が難しい場合は生徒の相互評価をさせるのも効果的です。2～3時間授業が進行した際に，近くの生徒と見通しやその振り返りに関する意見を交換させることで，それまでの展開を読み，コメントを付け合わせるのです。授業者からのコメントよりも，生徒同士のコメントの方が苦手な生徒も考えをまとめていくことにつなげやすかったりもします。一方，生徒同士の相互評価の場合は，知識及び技能や思考力等を身に付けることにつながるかの判断は難しいため，キーワードを挙げさせるなど，知識及び技能の習得につながる情報を共有したりして，考察させることが必要です。

121

3 評価の実際Q＆A

(1) 単元を貫く問いの設定はどのように行うか？

　今回の方法で大切なのは，単元を貫く問いが学習の見通しを立てることにつながるしっかりとした追究課題になっていることです。これまでの様々にある社会科教育の実践の蓄積は，この単元を貫く問いの蓄積そのものであるとも言えます。どのように単元を貫く問いを設定すると評価の信頼性・妥当性につながっていくかが説明しきれなかったり，勤務校に1人しか社会科担当がおらず十分な検討ができなかったりするような場合は，本書に掲載されているような先行実践の問いを確認して用いたいです。

　私は歴史的分野の授業では，単元ごとに導入の1時間目は教科書の見開きを使って「はてな？」を作らせ，4人班でその「はてな？」を生かしつつブレーンストーミング形式で共有，検討し，単元を貫く問いを練り上げさせ，学級で1つの単元を貫く問いを設定させる授業を設定しています。教科書は本文よりも導入資料や発展資料などを中心に読み込ませたり，教科書の問いや振り返り，資料配置などを理解させておいたりするなど，生徒自身が教科書を活用できることが大切です。この教科書読みの技能を1年生から身に付け繰り返し単元を貫く問いづくりを行っていくと，徐々に単元を貫く問いを生徒自身が作成することに慣れて，精度も上がってきます。

(2) 見通しを振り返る機会はどのくらいの頻度で設定するか？

　学習の見通しに対する振り返りの機会は，毎時間設定し，できれば記述する時間も授業時間内でとりたいところです。今後タブレットPC等，ICT機器の配備が行われることで，こうした取り組みでできることは大きく変わる可能性もあります。

　大切なことは，学習した内容や新しい情報を得て，自分が立てた見通しを練り上げていく作業（学習調整力）と新しい情報を得て考え直してよりよい考察につなげること（学習への粘り強さ）を発揮する機会を生徒につくることです。学習内容や得られた技能についてまとめさせるのではなく，自分自身が設定した見通しを練り上げる作業は，教科書見開き2頁で展開していく授業展開を大幅に変更しなくても，単元レベルのつながりの中で本時を位置付け，追究していく授業につながっていきます。授業者もそうした実践の経験を積み重ねることで，感覚をつかむことができるはずです。そういう機会を生徒にも保障したいです。

(3) どのようなワークシートづくりをすればよい？

　①ワークシートづくりのポイントは，単元を貫く問いと「見通し」を書かせる欄を作ることです。②毎時間の授業後に学習の「見通し」に対するコメントを記録させます。③1単元の最

後で学習の見通しに対する振り返りを行わせ，自らの学習状況や進め方，「見通し」への修正過程などを記録させます。④学習の見通しに対する一連の振り返りの振り返りを行う機会を設定します。自らが毎時間行ってきた振り返りに対する振り返りを行わせることで，どの授業の情報が自分の見通しを調整する際に影響を与えたかを生徒自身が見出すことができるようになるためです。この段階で前述のような相互評価の機会を設定できれば，生徒同士の学習を深めさせる機会とすることにもなります。⑤本単元で学んだことが次の単元にどのように生かせるかを考えさせ，他の学習内容でも得られた自己調整力が働きやすくさせます。

資料1　ワークシートの例

(4) ワークシートの記述の評価基準は？

　まず，単元を貫く問いと学習の見通しを単元の導入段階できちんと書かせることが大切です。学習の見通しがなければ，本時が進んでも振り返りを行うことができず，学習調整力も粘り強さも発揮できないためです。

　本時の振り返りは，先述の通り，「見通し」に対する確からしさである「見通し通りだった，見通しは間違っていた，見通しを○○に修正する」などの記述とともに，本時での学習内容を踏まえた理由付けがあれば中1ではA評価と言えるでしょう。ただし，学年進行によって求められる基準は上がってくると考えられます。生徒にもこうした成長を意識させながら指導にあたっていきたいですね。

3年	2年	1年	評価基準	形成的評価にあたって
A	A＋	A＋＋	見通しと関連付けて，各時間の学習内容を受けて考えを整理し，概念的な誤認識をすることなく，見方・考え方を踏まえた自己調整をしてコメントすることができる。	社会科で学ぶ様々な学問領域に共通して使用することができる学習方略を身に付けさせるようにする。
B	A	A＋	見通しと関連付けて，各時間の学習内容を受けて考えを整理し，概念的な誤認識をすることなく，自己調整をしてコメントすることができる。	見方・考え方を意識させるようにする。
C	B	A	見通しと関連付けて，各時間の学習内容を受けて考えを整理し，自己調整をしてコメントすることができる。	学習内容の誤認識に関して単元の学習を進める中で修正を図るなど，態度と実際の力の乖離が少なくなるようにさせる。
C－	C	B	見通しと関連付けて，各時間の学習内容を受けた考えをコメントすることができる。	前時の取り組みとの関連性を見つけさせるなど，単元の中で問いを考えられるようにさせる。
C－	C－	C	見通しと関連付けはないが，各時間の学習内容を整理し記入することができる。	単元を貫く問いに対する見通しをしっかり設定させる。

資料2　評価基準の作成例

※資料1及び資料2　石本貞衡「中学校における『主体的に学習に取り組む態度』の評価方法―自己調整力を高めるワークシートの工夫」（第69回全国社会科教育学会発表資料，2020年）より作成

（石本　貞衡）

公民的分野

単元の学習を通した「生徒の学習に対する粘り強い取り組み」
「自らの学習の調整」の側面の評価方法と工夫

3 民主的な社会を創造する意識や能力の形成を目指して

1 社会科における「主体的に学習に取り組む態度」の育成の意味

　近年，グローバル化や情報化といった社会の変化の進展が，一層顕著となってきています。このような社会の変化を受けて，多様な人びとの価値観を尊重しながら，人と人，人と社会あるいは社会と社会との結びつきを深めていくことや，一人ひとりの個人の特性や個別の目標に対応しながら，互いに共通の課題を見出して解決していくことが求められています。人びとは，市民として，自分自身を知り自分の意見をもち，他者の考えを理解し他者と交流し，相互に対話をし続けることで民主的な社会を創造しようとする意識や能力を身に付けることが重要です。
　このような意識や能力の形成のために，社会科では，本節で論じる主体的に学習に取り組む態度の学習評価のあり方が問われています。
　観点別学習状況の評価は，「知識・技能」「思考・判断・表現」「主体的に学習に取り組む態度」の3観点に整理されました[1]。主体的に学習に取り組む態度とは，学びに向かう力，人間性等の観点別学習状況の評価を通じて見取ることのできる部分と，個人内評価を通じて見取る部分のうち，前者の評価を指しています。各教科における「主体的に学習に取り組む態度」の評価の観点の趣旨を踏まえて，次の2つの側面を評価することが指摘されています。
　すなわち，まず第一に，「知識及び技能を獲得したり，思考力，判断力，表現力等を身に付けたりすることに向けた粘り強い取り組みを行おうとしている側面」です。第二に，第一の「粘り強い取り組みを行おうとする中で，自らの学習を調整しようとする側面」です。
　これらの考え方を前提として，各教科の特色に応じて，主体的に学習に取り組む態度の評価を行うこととなります。社会科における主体的に学習に取り組む態度の育成[2]とは，「主権者として，持続可能な社会づくりに向かう社会参画意識の涵養やよりよい社会の実現を視野に課題を主体的に解決しようとする態度の育成」ととらえられています。中でも，中学校社会科の公民的分野は，社会科の教科の目標である公民的資質の育成に大きな役割を担っています。中学校社会科の公民的分野の主体的に学習に取り組む態度の評価では，「現代社会に見られる課題の解決を視野に主体的に社会に関わろうとしている」かどうかといった学習状況を見取ることが求められています。

2 社会科における「主体的に学習に取り組む態度」の評価に必要な視点

(1) 社会科における「主体的に学習に取り組む態度」の評価の論点

　平成29年改訂学習指導要領の教育課程の実施に伴い，社会科における主体的に学習に取り組む態度の評価は，新しい学習評価の特色の一つと言えます。社会科の教科の目標である公民的資質の育成を巡っては，様々な解釈と議論がなされています。このことを背景として，従来の取り組みに加えて，社会科における「主体的に学習に取り組む態度」の評価の取り組みでは，次の３つの論点を考慮する必要があります。

　すなわち，まず第一に，社会科で，どのように「主体的に学習に取り組む態度」を具体的に評価するかということです。第二に，社会科で，包括的で総合的な能力観である公民的資質には，市民に求められる態度や行動も含まれてきますが，どのように観点別学習状況の評価を通じて見取ることのできる部分と，個人内評価を通じて見取る部分を取り扱うかということです。第三に，教科横断的な性格をもつ社会科と他教科などとの関係性を踏まえて，どのように学習評価をするかということです。

(2) 社会科における「主体的に学習に取り組む態度」の指導と評価の一体化の必要性

　社会科における「主体的に学習に取り組む態度」の評価にあたって，何より，次の２つが肝要となります。

　すなわち，まず第一に，子どもの学習状況の改善を図ることを目的として，子どもの学習過程を見取る形成的評価の充実を図るために，ある程度長期的な視野をもって，子どもの学習過程を見取ることです。

　近年，新たな学力観のもとで，子どもの学力の指導の充実を目指して，目標に準拠した評価が求められています。目標に準拠した評価とは，指導過程での子どもの学びを見取る形成的評価を行い，指導と評価の一体化によって，到達度評価における学力保障を図るという思想です[3]。このような学習評価の実現には，「教師の目標ではなく，子どもの活動を見取ること」「子どもの内的な評価を十分に行うこと」「学習過程を丁寧に見取ること」「リアルな評価課題や評価方法の工夫を行うこと」「学習評価に参加，構成主義，学習過程，真正性を取り入れること」が重要であるとされています。

　第二に，一人ひとりの考えをもつだけではなく，他者や教員と意見を交流し，他者と協働して考えを共有し，新たな自分の考えをもつといった子どもの反応を見取ることです。このような学習評価の代表的な工夫と方法には，筆記による評価，パフォーマンス評価，ポートフォリオ評価に取り組むことを挙げることができます。

3 公民的分野における「主体的に学習に取り組む態度」の学習評価の方法と工夫

「主体的に学習に取り組む態度」の学習評価の方法と工夫の手がかりとして，『学習評価ハンドブック—アクティブラーニングを促す50の技法—』[4]に挙げられている「学び方の学習」「人間性」の観点は，示唆に富んでいます。

(1) 公民的分野における学び方の学習の学習評価の方法と工夫

学び方の学習とは，「学習を継続し，より高い効果を生み出せるように，特定の種類の探究法や自律的なより良い学習者になる方法を含め，学習のプロセスについて学ぶ」ことです。表1の通り，7つの学び方の学習の代表的な学習評価の方法と工夫が挙げられています。

表1　学び方の学習の代表的な学習評価の方法と工夫

学習評価の方法	学習評価の概要
学習アウトライン	授業の情報を意味のある有益な形で統合・編成する構造が得られる。
学生作ルーブリック	それぞれの学問領域の傑出した成果物の例を渡し，それを分析して共通する特性を見つけ，評価ルーブリックを作成する。
問題作成	試験問題を作り，解答用紙，または模範解答と得点表を作成する。
学習目的リスト	学習活動の開始時に，自分の学習目的のリストを作成し，その優先順位を付ける。
「何？だから？これからは？」日誌	授業に関連した最近の活動や経験について考察する日誌を書く。
段階的タスクチェックリスト	正式なプロジェクトの多段階の形成的評価を行うための構造化された書式である。
個人的学習環境	特定の学習の意図に沿って個人がアクセスできる人とデジタルな資料の集合である。

（エリザベス・F・バークレイ，クレア・ハウエル・メジャー著，東京大学教養教育高度化機構アクティブラーニング部門，吉田塁監訳『学習評価ハンドブック—アクティブラーニングを促す50の技法—』東京大学出版会，2020年，pp.36-38.「表3.6　LAT 早見表」抜粋）

表1の代表的な学習評価の方法と工夫によって，子ども自身で自己評価を行うこと，子どもの学習活動の見通しをもち振り返ること，さらに子どもの学習方法を把握することの学習評価につながります。公民的分野では，子どもの身近な社会的事象と抽象的な概念を関連づける学習活動や，子どもの問いに基づく学習課題を調査し，まとめる学習活動がなされます。そのため，子どもの見通しをもった学習活動を保障すること，子どもの学習活動の振り返りを促すこと，子どもの学習活動の評価に主体的に参加することのできる学習評価の方法と工夫が求められます。

(2) 公民的分野における人間性の評価方法と工夫

人間性とは，「学習していることの個人的および社会的な意味」を学び，「自己と他者について学習する時，その学習に意義をもたせる」ことです。表2の通り，7つの人間性の代表的な学習評価の方法と工夫が挙げられています。

表2　人間性の代表的な学習評価の方法と工夫

学習評価の方法	学習評価の概要
フリーディスカッション	素早く即興で少人数のグループが作られ，授業に関連した問題に対応するように求められる。
賞への推薦	それぞれの学問分野の重要な賞について学ぶ。
編集会議	学術誌の編集者になったつもりで，論文を評価して次の号に掲載するものを選ぶ。
演劇ダイアローグ	二人の人物が問題について議論したと想定し，その対話を作成する。
ロールプレイ	学習目的を達成するために，通常ならばなり得ない人物を演じる状況を作る。
倫理的ジレンマ	学問領域に関連した倫理的問題のシナリオが示され，2つ以上の難しい選択肢の中から行動指針をえらばなければならない。
デジタルストーリー	ストーリーを語るためにビデオ，音声，グラフィック，ウェブ発行などのコンピューターのツールを使用する活動である。

（エリザベス・F・バークレイ，クレア・ハウエル・メジャー著，東京大学教養教育高度化機構アクティブラーニング部門，吉田塁監訳『学習評価ハンドブック―アクティブラーニングを促す50の技法―』東京大学出版会，2020年，pp.36-38.「表3.6　LAT早見表」抜粋）

表2の学習評価の方法と工夫によって，相互に対話すること，様々な立場にたちパフォーマンスを行うこと，さらに対立し合う価値を判断することの学習評価につながります。公民的分野では，相互に対話したり交流したりする学習活動や，社会的な課題を協調的に解決し，提案する学習活動がなされます。そのため，子どもの意見交換や議論を充実させること，社会的な課題に関する立場や視点をもって意思決定を行うことのできる学習評価の方法と工夫が求められます。

公民的分野の単元の開発によって，新しい公民的分野における主体的に学習に取り組む態度の学習評価の方法と工夫が提案されることが期待されています。

（磯山　恭子）

【注】
(1)　国立教育政策研究所教育課程研究センター『「指導と評価の一体化」のための学習評価に関する参考資料【中学校社会】』東洋館出版社，2020年，pp.6-11
(2)　同書，pp.31-37
(3)　赤沢真世「『目標に準拠した評価』の登場と課題」田中耕治編著『グローバル化時代の教育評価改革―日本・アジア・欧米を結ぶ―』日本標準，2016年，pp.156-159
(4)　エリザベス・F・バークレイ，クレア・ハウエル・メジャー著，東京大学教養教育高度化機構アクティブラーニング部門，吉田塁監訳『学習評価ハンドブック―アクティブラーニングを促す50の技法―』東京大学出版会，2020年。「3　公民的分野における主体的に学習に取り組む態度の学習評価の方法と工夫」は，本書を参考にしました。

おわりに

　本書では，2021（令和３）年度からの新中学校学習指導要領の全面実施を前に，「中学校社会科において『授業（指導）と評価の一体化』のための学習評価をどう進めるか」を主要な考察課題とし，考察の視点・方法とその結果としての評価事例を豊富に示すことに努めてきました。

　新学習指導要領における目標に準拠した評価は，①「知識・技能」，②「思考・判断・表現」，③「主体的に学習に取り組む態度」の３つの観点から行うようになります。本書の構成と各提案を見通す中で，編者としてあらためて強調しておきたいことは，社会科教師の実務としては３つの観点は個別に評価しなければなりませんが，「授業（指導）と評価の一体化」を踏まえるならば，３観点の評価は相互に関連付けられていることが求められるということです。

　資質・能力ベースの授業づくりと学習評価においては，「思考力，判断力，表現力等」の育成を中核目標にして進めていくことになるでしょう。例えば，地理的分野について，「思考力，判断力，表現力等」の目標は，次のように記述されています。

> 　地理に関わる事象の意味や意義，特色や相互の関連を，位置や分布，場所，人間と自然環境との相互依存関係，空間的相互依存作用，地域などに着目して，多面的・多角的に考察したり，地理的な課題の解決に向けて公正に選択・判断したりする力，思考・判断したことを説明したり，それらを基に議論したりする力を養う。

　ここに見る目標記述からは，単元の学習の展開において，「学習問題－思考・判断・表現－知識」をひとまとまりとしてとらえることの重要性を読み取ることができます。すなわち，①学習内容として，事象の意味や意義，特色，相互の関連などをとらえた概念的知識を設定する。②学習過程は，生徒が，「地理的な見方・考え方」である位置や分布，場所，人間と自然環境との相互依存関係，空間的相互依存作用，地域などに着目して学習問題を立て，考察したり，構想（選択・判断）したりするように組み立てる。③生徒が思考・判断した結果を，説明したり議論したりする具体的な言語活動を学習過程に組み込んでいく。④こうした学習過程と言語活動を通して，学習内容である概念的知識を習得する。また，それを他の事象の説明・理解に活用する。目標記述は，このように単元を構成し展開することを示唆しています。図式化して示せば，次のようになります。

見方・考え方（視点や方法）⇒学習問題（問い）⇒思考（考察）・判断（構想）・表現⇒知識

　生徒の「思考力，判断力，表現力等」は，単元において生徒自身が上記の学習過程を幾サイクルか経験することを通じてスパイラルに成長していくものと考えられます。生徒の「思考力，判断力，表現力等」の成長は，「知識」を基盤とした事象についての認識の深まりと不可分に結びついているわけです。「思考・判断・表現」の評価は，学習内容としての「知識・技能」の評価との関係を踏まえ，学習過程に着目して行うことが大切であることを理解できるのではないでしょうか。また，教師は，「知識・技能」の評価に重点をおいてペーパーテストを作成する場合でも，テスト問題の構成（生徒の立場からは，解答過程）が「思考・判断・表現」の過程に合致したものになっているかを常に検討することが求められるでしょう。

　「主体的に学習に取り組む態度」の評価では，生徒が課題追究の過程や方法を振り返るとともに，学習の成果と課題を見取り，次の学習の見通しをもてるようになっているかどうかを評価することになります。社会科における「態度」の評価は，単元・学期・学年・3学年継続の中・長期的なスパンで，目標とする「知識及び技能」や「思考力，判断力，表現力等」の成長と結びつけて，粘り強く丁寧な形成的評価として遂行していくことが大切です。

　本書の各章・各節で展開された執筆者の論稿は，冒頭で示した考察課題に対するひとつの回答例として見ていただくことができるでしょう。また，「3観点の評価は相互に関連付けられていること」を踏まえた各観点の評価の実践例として参考になるものと思います。

　本書には，その構成上3つの分野ごとに3観点の学習評価の方法と事例を示すことに重きをおいたため，十分に論じることができなかった課題があります。主な3点の課題を指摘しておきたいと思います。第1の課題は，中学校社会科において学習評価を生徒の学習の改善や教師の授業の改善にどのように生かしていくのか，十分な考察と実践例を示すことができなかったこと。第2は，生徒の3カ年の学年進行を見通した3分野連携の学習評価の方法，別の言い方をすれば中学校社会科のカリキュラム・マネジメントに基づく学習評価の方法について議論を展開できなかったこと。第3は，義務教育9カ年を見通した学習評価のあり方に言及できなかったことです。これらの課題を含め，本書をお読みいただいた皆様の忌憚のないご批判，ご意見をお寄せいただきたいと思います。また，皆様の間で，これからの学習評価のあり方について豊かな議論のフォーラムが形成されることを心から願うものです。

　最後になりましたが，本書の出版の機会を与えてくださり，また編集において多大なご尽力を賜りました明治図書出版の及川誠氏に心からお礼申し上げます。

2021（令和3）年5月

梅津　正美

【執筆者一覧】（執筆順）

梅津　正美	鳴門教育大学大学院学校教育研究科
吉水　裕也	兵庫教育大学大学院学校教育研究科
樋口　雅夫	玉川大学教育学部
鈴木　正博	川崎市教育委員会
川﨑　浩一	玉野市教育委員会
石本　貞衡	東京都練馬区立大泉中学校
髙﨑　英和	徳島県立総合教育センター
井上　昌善	愛媛大学教育学部
東野　茂樹	東京都葛飾区立水元中学校
上園　悦史	東京学芸大学附属竹早中学校
五十嵐辰博	千葉県千葉市立稲毛高等学校附属中学校
渡邊　智紀	お茶の水女子大学附属中学校
藤田　　淳	東京都港区立高松中学校
岩渕　公輔	東京都府中市立府中第四中学校
塚越　清香	埼玉県本庄市立本庄西中学校
松村　謙一	三重県四日市市立富洲原中学校
磯山　恭子	国立教育政策研究所教育課程センター

【編著者紹介】
梅津　正美（うめづ　まさみ）
鳴門教育大学大学院学校教育研究科教授。博士（教育学）［広島大学］。広島大学大学院教育学研究科教科教育学専攻博士課程前期修了。島根県立高等学校教諭，広島大学附属福山中・高等学校教諭，鳴門教育大学大学院学校教育研究科准教授を経て，現職。主な研究領域は，社会科授業構成論，米国の歴史カリキュラム編成論など。著書は『歴史教育内容改革研究―社会史教授の論理と展開―』（単著，風間書房，2006年），『教育実践学としての社会科授業研究の探求』（共編著，風間書房，2015年），『協働・対話による社会科授業の創造―授業研究の意味と方法を問い直す―』（単編著，東信堂，2019年）など。

評価事例＆テスト問題例が満載！
中学校社会新３観点の学習評価完全ガイドブック

2021年6月初版第1刷刊　Ⓒ編著者　梅　津　正　美
　　　　　　　　　　　　　発行者　藤　原　光　政
　　　　　　　　　　　　　発行所　明治図書出版株式会社
　　　　　　　　　　　　　　　　　http://www.meijitosho.co.jp
　　　　　　　　　　　（企画）及川　誠（校正）西浦実夏
　　　　　　　　　　　〒114-0023　東京都北区滝野川7-46-1
　　　　　　　　　　　振替00160-5-151318　電話03(5907)6703
　　　　　　　　　　　ご注文窓口　電話03(5907)6668
＊検印省略　　　　　　組版所　中　央　美　版
本書の無断コピーは，著作権・出版権にふれます。ご注意ください。

Printed in Japan　　　　　ISBN978-4-18-395719-1
もれなくクーポンがもらえる！読者アンケートはこちらから

主体的・対話的で深い学びを創る 中学社会科授業モデル

河原 和之 編著

逆転現象を生む！すべての生徒が主人公になれる魅力的な授業ネタ

100万人が受けたい！主体的・対話的で深い学びを実現する珠玉の授業モデル集。ワクワク感があるネタは意欲を生み，見方・考え方を鍛えます。身近なことを取り上げた魅力的な教材で作る，すべての生徒が主人公になれる授業づくりのノウハウが満載の１冊です。

A5判 160頁
定価2,090円（10％税込）
図書番号 2960

主体的・対話的で深い学びを実現する！ 社会科授業ワーク大全 3・4年 5年 6年

朝倉 一民 著

授業にも自主学習にも使える！重要語句が身につく社会科ワーク

大好評の「板書＆展開例でよくわかる社会科授業づくりの教科書」シリーズの姉妹編ワーク。各学年の単元別の学習内容・重要語句をコンパクトにまとめた問題ワーク＆解答シートで，学習用語が正しく身につきます。授業まとめにも自主学習にも使えるワーク決定版。

B5判 136頁
定価3,080～3,190円（10％税込）
図書番号 3334, 3335, 3336

子どもと社会をつなげる！見方・考え方を鍛える社会科授業デザイン

峯 明秀・唐木 清志 編著

感動と体験で「見方・考え方」を鍛える！授業づくりのバイブル

「見方・考え方」を鍛える社会科授業づくりとは？教材づくりから，「主体的・対話的で深い学び」を実現する学びの過程，子どもの育ちをとらえる評価の工夫までを豊富な授業モデルで解説。「社会にどうかかわるか」を感動と体験で身につける授業づくりのバイブルです。

A5判 128頁
定価1,540円（10％税込）
図書番号 3261

空間認識力を育てる！おもしろ「地図」授業スキル60

寺本 潔 著

地図から世界が見える！学年別・単元別でわかる授業スキル60選

地図からはじまる社会科づくりを！地図帳活用がはじまる３年生から「地図の見方」「活用スキル」をどのように育むのか。産業や国際情勢，歴史の学習もリアルに魅せるおもしろ授業スキル＆モデルを学年別に約60項目，それぞれ見開き構成でわかりやすく解説しました。

A5判 136頁
定価1,980円（10％税込）
図書番号 2909

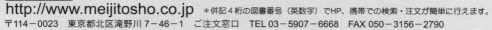

明治図書　携帯・スマートフォンからは **明治図書ONLINE** へ　書籍の検索，注文ができます。　▶▶▶

http://www.meijitosho.co.jp　＊併記４桁の図書番号（英数字）でHP、携帯での検索・注文が簡単に行えます。

〒114-0023　東京都北区滝野川7-46-1　ご注文窓口　TEL 03-5907-6668　FAX 050-3156-2790

見方・考え方を育てる 社会科授業モデル 中学地理／中学歴史／中学公民

「見方・考え方」を活かす中学社会"深い学び"単元別授業モデル

内面にある見方・考え方を引き出すことで，中学社会の授業が「考える授業」に変わる！わかりやすい理論と豊富な授業モデル＆評価の解説で，「主体的・対話的で深い学び」の具体像がわかります。明日の授業づくりに役立つ必読の1冊です。

中学地理 近藤裕幸 編著
B5判 136頁 定価2,310円(10%税込) 図書番号3250

中学歴史 土屋武志 編著
B5判 144頁 定価2,486円(10%税込) 図書番号3251

中学公民 真島聖子 編著
B5判 128頁 定価2,266円(10%税込) 図書番号3252

見方・考え方を働かせて学ぶ 社会科授業モデル 3・4年／5年／6年

澤井陽介 編著

最新の評価項目対応！深い学びを実現する学年・単元別授業案

「見方・考え方」を働かせた深い学びを実現する社会科授業とは？改訂に尽力した元文部科学省視学官・澤井陽介先生編著による，社会科学年別・単元別社会科授業モデル。最新の評価項目にも対応した，明日の授業づくりに役立つ必携の書。

3・4年 B5判 192頁 定価2,970円(10%税込) 図書番号2877
5年 B5判 168頁 定価2,640円(10%税込) 図書番号2878
6年 B5判 168頁 定価2,640円(10%税込) 図書番号2879

社会科授業サポートBOOKS 「わかる」社会科授業をどう創るか

思考の流れ＆教材研究にこだわる！ 個性のある授業デザイン

木村博一 編著

どうすれば社会科授業を面白く，わかりやすく出来るのか。教材研究と子どもの思考にこだわり，一人一人の成長にこだわる「わかる」社会科授業について，そのポイントから教材づくりの視点，深い学びを実現する授業デザイン，指導展開例までをわかりやすくまとめました。

A5判 184頁 定価2,090円(10%税込) 図書番号3104

100万人が受けたい！見方・考え方を鍛える 中学社会 大人もハマる授業ネタ

河原和之 著

見方・考え方が楽しく身につく！河原流オモシロ授業の最新ネタ

100万人が受けたい！「社会科授業の達人」河原和之先生の最新授業ネタ。「江戸城に天守閣がないワケ」「なぜヨーロッパはパスタ・日本はうどん？」「スマホから見えるこんな世界」など，「見方・考え方」を鍛える子ども熱中間違いなしの魅力的な授業モデル集です。

中学地理 A5判 152頁 定価1,980円(10%税込) 図書番号3712
中学歴史 A5判 152頁 定価1,980円(10%税込) 図書番号3713
中学公民 A5判 152頁 定価1,980円(10%税込) 図書番号3714

明治図書 携帯・スマートフォンからは **明治図書ONLINE**へ 書籍の検索，注文ができます。▶▶▶

http://www.meijitosho.co.jp ＊併記4桁の図書番号（英数字）でHP、携帯での検索・注文が簡単に行えます。

〒114-0023 東京都北区滝野川7-46-1 ご注文窓口 TEL 03-5907-6668 FAX 050-3156-2790

学力テスト改革を読み解く！確かな学力を保障する パフォーマンス評価

西岡加名恵・石井英真 編著

学力テスト改革にも負けない力をつけるパフォーマンス評価

「本質的な問い」に対応するパフォーマンス評価を取り入れることで、確かな学力を保障する！これから子ども達につけるべき力をとらえ、保障していくために必要な授業づくりとは。学力テスト改革にも負けない授業づくりのポイントをテスト分析を絡めて徹底解説しました。

A5判 176頁
定価2,200円（10％税込）
図書番号 2957

アドラー心理学で考える 学級経営 学級崩壊と荒れに向き合う
（学級経営サポートBOOKS）

赤坂真二 著

アドラー心理学に学ぶ学級崩壊・荒れへのアプローチ

アドラー心理学の視点から学級経営に役立つ情報をまとめた学級経営バイブル第2弾。学級崩壊と荒れをテーマに、学級づくりの基礎基本から子どもの見方、気になる子への支援や子どもへの勇気づけ、荒れたクラスの再生まで。具体的な実践を基にわかりやすくまとめました。

A5判 248頁
定価2,530円（10％税込）
図書番号 3338

はじめての学級担任もできる 特別支援教育ガイド

赤坂真二 監修
岡田広示・関原真紀 著

はじめての学級担任でも困らない！UD視点の支援ガイド

通常の学級で行動面や学習面の気になる子に対して、どのように対応すればよいのか？はじめての学級担任でも出来る「集団」と「個別」の両方へのアプローチについて、豊富で具体的な実践事例をもとに紹介しました。UDと個別の配慮の視点から考える特別支援教育ガイド。

A5判 168頁
定価2,090円（10％税込）
図書番号 4227

教育評価 重要用語事典

西岡加名恵・石井英真 編著

教育評価研究に欠かせない一冊！

教育評価研究・実践の動向を視野に入れ、これからの教育評価を考える際に重要な術語を厳選。特質や目標・授業づくり・指導法・歴史等、その基礎知識をコンパクトに解説。不変的な用語のみならず、新しい潮流も汲んだ、教育評価に関わるすべての人にとって必携の書です。

A5判 264頁
定価3,036円（10％税込）
図書番号 6042

明治図書　携帯・スマートフォンからは **明治図書ONLINE** へ　書籍の検索、注文ができます。▶▶▶
http://www.meijitosho.co.jp　＊4桁の図書番号で、HP、携帯での検索・注文が簡単に行えます。
〒114-0023　東京都北区滝野川7-46-1　ご注文窓口　TEL 03-5907-6668　FAX 050-3156-2790

＊価格は本体価格表示です。

小学校 新学習指導要領 社会の授業づくり

澤井 陽介 著

改訂のキーマンが，新CSの授業への落とし込み方を徹底解説！

資質・能力，主体的・対話的で深い学び，社会的な見方・考え方，問題解決的な学習…など，様々な新しいキーワードが提示された新学習指導要領。それらをどのように授業で具現化すればよいのかを徹底解説。校内研修，研究授業から先行実施まで，あらゆる場面で活用できる1冊！

四六判 208頁
定価 2,090円（10%税込）
図書番号 1126

中学校 新学習指導要領 社会の授業づくり

原田 智仁 著

改訂のキーマンが，新CSの授業への落とし込み方を徹底解説！

資質・能力，主体的・対話的で深い学び，見方・考え方，評価への取り組み…など，様々な新しいキーワードが提示された新学習指導要領。それらをどのように授業で具現化すればよいのかを徹底解説。校内研修，研究授業から先行実施まで，あらゆる場面で活用できる1冊！

A5判 144頁
定価 1,980円（10%税込）
図書番号 2866

平成29年版 『社会科教育』PLUS 学習指導要領改訂のポイント 小学校・中学校 社会

『社会科教育』編集部 編

大改訂の学習指導要領を最速で徹底解説！

平成29年版学習指導要領で社会科はこう変わる！新しい教育課程のポイントをキーワードと事例で詳しく解説。つけたい「資質・能力」から，「見方・考え方」追究の視点と授業デザイン，「主体的・対話的で深い学び」を実現する授業モデルまで。学習指導要領（案）の付録つき。

B5判 120頁
定価 2,046円（10%税込）
図書番号 2716

平成29年版 小学校 中学校 新学習指導要領の展開 社会編

小学校 北 俊夫・加藤 寿朗 編著
中学校 原田 智仁 編著

大改訂された学習指導要領本文の徹底解説と豊富な授業例

改訂に携わった著者等による新学習指導要領の各項目に対応した厚く，深い解説と，新学習指導要領の趣旨に沿った豊富な授業プラン・授業改善例を収録。圧倒的なボリュームで，校内研修から研究授業まで，この1冊で完全サポート。学習指導要領本文を巻末に収録。

小学校
A5判 200頁 定価1,980円（10%税込）
図書番号 3279

中学校
A5判 208頁 定価1,980円（10%税込）
図書番号 3342

明治図書　携帯・スマートフォンからは **明治図書ONLINE** へ　書籍の検索，注文ができます。▶▶▶

http://www.meijitosho.co.jp　＊併記4桁の図書番号（英数字）でHP、携帯での検索・注文が簡単に行えます。

〒114-0023　東京都北区滝野川7-46-1　ご注文窓口　TEL 03-5907-6668　FAX 050-3156-2790

社会科の「つまずき」指導術

社会科授業サポートBOOKS
社会科が面白いほど好きになる授業デザイン

宗實 直樹 著

子どもの多様なつまずきを生かし社会科授業をバージョンアップ！

子どもはつまずきの天才！多様な「つまずき」をチャンスととらえることで、授業がより良くバージョンアップ出来ます。教材研究や教科書活用場面から子どもの興味関心を高め、認識のズレやつまずきをチャンスに変える、社会科が面白いほど好きになる授業の秘訣が満載！

A5判 160頁
定価 2,200円（10%税込）
図書番号 3959

GIGAスクール構想で変える！

1人1台端末時代の授業づくり

樋口万太郎 著

「1人1台端末時代」の授業づくり&仕事術の手引き書決定版！

GIGAスクール構想の実現に向けて、ICT活用の流れが加速しています。1人1台のタブレットPCが導入されることで、授業が確実に変わります。ICTを活用した「見方・考え方」を働かせる授業デザインから仕事術までを網羅した、授業づくりの手引書決定版です。

A5判 152頁
定価 2,090円（10%税込）
図書番号 3491

「地理総合」の授業を創る

高校社会

井田 仁康 編著

新科目「地理総合」の授業を成功に導くポイントを徹底解説！

平成30年3月に告示された新科目「地理総合」の学習指導要領をもとに、「地理的な見方・考え方」に着目した学習づくりから主題的アプローチやSDGs等を踏まえた授業づくり、「主体的・対話的で深い学び」の実現まで、授業づくりのポイントを徹底解説しました。

A5判 168頁
定価 2,200円（10%税込）
図書番号 4412

社会科 授業づくりの理論と方法

本質的な問いを生かした科学的探求学習

渡部 竜也・井手口泰典 著

本質的な問いを生かした社会科授業づくりの理論と方法を徹底解説！

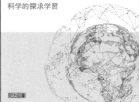

名著『社会科授業構成の理論と方法』から40年。本質的な問いを生かした探求学習を切り口に、社会科授業づくりの理論と方法を徹底解説。社会科授業の現状と課題から、科学的探求学習の特長、「問いの構造図」づくりと教材研究から授業モデルまでを網羅した必携の書です。

A5判 232頁
定価 2,420円（10%税込）
図書番号 3429

明治図書　携帯・スマートフォンからは　明治図書ONLINEへ　書籍の検索、注文ができます。
http://www.meijitosho.co.jp　＊併記4桁の図書番号（英数字）でHP、携帯での検索・注文が簡単に行えます。
〒114-0023　東京都北区滝野川7-46-1　ご注文窓口　TEL 03-5907-6668　FAX 050-3156-2790